EN FINIR avec LES ARNAQUES

Avertissement

Les informations contenues dans ce livre sont fournies à titre informatif et ne constituent en aucun cas des conseils juridiques, financiers ou professionnels. L'auteur s'efforce de présenter des informations exactes et utiles, mais ces dernières sont valables au moment de la rédaction du livre. Le droit évolue constamment et ce qui est présenté ici peut devenir obsolète à mesure que de nouvelles lois ou régulations sont adoptées.

Chaque situation étant unique, il est fortement recommandé de consulter un professionnel qualifié, tel qu'un avocat, un conseiller financier ou un expert dans le domaine concerné, pour obtenir des conseils adaptés à votre cas particulier. Aucune des informations contenues dans ce livre ne doit être interprétée comme une substitution à une consultation juridique formelle.

L'auteur et l'éditeur déclinent toute responsabilité quant aux conséquences pouvant découler de l'utilisation des informations fournies dans ce livre. Bien que des efforts aient été déployés pour garantir l'exactitude des informations, chaque lecteur doit prendre en compte que les lois et réglementations peuvent changer, et que chaque situation individuelle peut nécessiter une approche différente.

Masdak

@masdak
L'EXPERT
droit & finances
aux 6M d'abonnés
tous réseaux

EN FINIR avec LES ARNAQUES

L'art de masdakiser pour résoudre tous les litiges du quotidien

SOLAR
au quotidien

En finir avec les arnaques

« Je suis abonné à Masdak, guette ça... »*

Depuis 2020, je partage sur les réseaux sociaux des astuces et méthodes pour aider chacun à mieux comprendre et défendre ses droits. Grâce à ma formation en finance de marché et en réglementation, ainsi qu'à mon expérience professionnelle dans des banques d'investissement et des gestionnaires d'actifs, j'ai appris à décortiquer des documents complexes et à naviguer dans les subtilités des règlements financiers.

Le confinement, période d'incertitude, a été le déclencheur : j'ai décidé de vulgariser des sujets complexes, qu'ils soient financiers, juridiques ou administratifs, et de les rendre accessibles à tous. À travers des vidéos pédagogiques où je joue plusieurs personnages échangeant sur des problématiques du quotidien, j'ai su allier pédagogie et divertissement. Ce format a petit à petit conquis des millions d'abonnés sur mes réseaux sociaux donnant naissance à la « masdakisation », l'art de faire valoir ses droits.

Fort de vos retours et de votre soutien, j'ai élargi mon champ d'action. J'ai diversifié les sujets abordés pour couvrir des domaines essentiels : logement, travail, impôts, consommation, voyages, vie citoyenne, voiture, banque... et bien d'autres, que vous retrouverez dans ces pages.

L'objectif de ce livre est d'offrir un outil pratique complémentaire conçu pour répondre à vos interrogations et vous fournir des solutions concrètes face aux défis du quotidien. Accéder à des conseils juridiques peut être coûteux et les informations disponibles en ligne sont souvent éparses ou trop complexes. Ce livre comble ce vide et vous donne les clés pour agir face à des litiges, tout en vous protégeant des arnaques.

« L'art de masdakiser » est une invitation à gagner en autonomie et à reprendre le contrôle. Que vous soyez confronté à des problèmes de logement, de travail ou d'administration, ce guide vous accompagne dans la défense de vos droits.

Masdak

* Ce slogan, devenu emblématique sur les réseaux sociaux, est un cri de victoire après chaque masdakisation réussie. Il signifie que vous vous êtes approprié les astuces pour agir et défendre vos droits, vous protéger des arnaques et être convaincant pour affronter les injustices du quotidien.

De l'astuce à l'action : masdakiser en pratique

Dans mes vidéos et scénarios, faire valoir ses droits peut sembler simple et rapide. Mais la réalité est un peu plus nuancée. La masdakisation, c'est avant tout une démarche qui demande de l'engagement et de la volonté de votre part.

Les échanges que vous lisez ou regardez sont inspirés de faits réels, mais restent fictifs, conçus pour faire passer l'information de manière ludique et claire. Cependant, dans la vie réelle, il ne suffit pas de connaître vos droits pour les défendre : il faut aussi passer à l'action. Que ce soit en rédigeant des lettres, en envoyant des recommandés ou en entamant des démarches administratives, chaque étape nécessite une certaine formalisation.

Ce livre a pour objectif de vous encourager à agir. L'information est à votre disposition, mais c'est à vous de mettre les choses en place pour protéger vos droits. Cela peut paraître intimidant au départ, mais chaque démarche est un pas vers la réclamation de vos droits.

Pour les cas les plus complexes, n'oubliez pas qu'il existe des professionnels du droit prêts à vous accompagner. Enfin, les éléments présents dans ce livre concernent la juridiction française. Si vous êtes dans un autre pays, il est essentiel de vérifier les spécificités locales pour adapter les démarches en fonction des lois en vigueur.

Comment lire ce livre

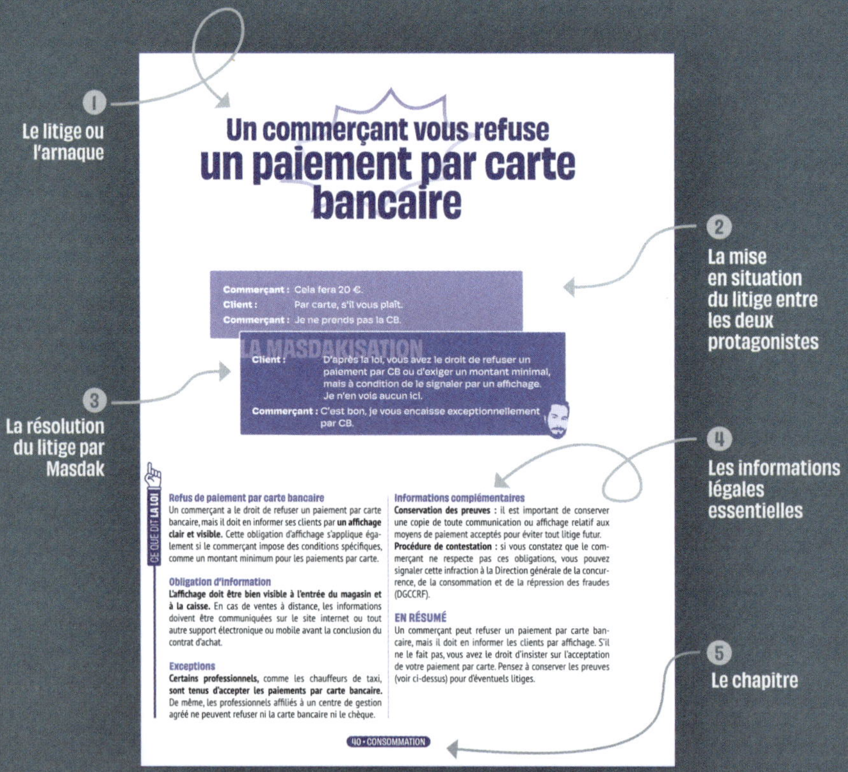

Un commerçant vous refuse un paiement par carte bancaire

Commerçant : Cela fera 20 €.
Client : Par carte, s'il vous plaît.
Commerçant : Je ne prends pas la CB.

LA MASDAKISATION

Client : D'après la loi, vous avez le droit de refuser un paiement par CB ou d'exiger un montant minimal, mais à condition de le signaler par un affichage. Je n'en vois aucun ici.
Commerçant : C'est bon, je vous encaisse exceptionnellement par CB.

CE QUE DIT **LA LOI**

Refus de paiement par carte bancaire
Un commerçant a le droit de refuser un paiement par carte bancaire, mais il doit en informer ses clients par **un affichage clair et visible.** Cette obligation d'affichage s'applique également si le commerçant impose des conditions spécifiques, comme un montant minimum pour les paiements par carte.

Obligation d'information
L'affichage doit être bien visible à l'entrée du magasin et à la caisse. En cas de ventes à distance, les informations doivent être communiquées sur le site internet ou tout autre support électronique ou mobile avant la conclusion du contrat d'achat.

Exceptions
Certains professionnels, comme les chauffeurs de taxi, **sont tenus d'accepter les paiements par carte bancaire.** De même, les professionnels affiliés à un centre de gestion agréé ne peuvent refuser ni la carte bancaire ni le chèque.

Informations complémentaires
Conservation des preuves : il est important de conserver une copie de toute communication ou affichage relatif aux moyens de paiement acceptés pour éviter tout litige futur.
Procédure de contestation : si vous constatez que le commerçant ne respecte pas ces obligations, vous pouvez signaler cette infraction à la Direction générale de la concurrence, de la consommation et de la répression des fraudes (DGCCRF).

EN RÉSUMÉ
Un commerçant peut refuser un paiement par carte bancaire, mais il doit en informer les clients par affichage. S'il ne le fait pas, vous avez le droit d'insister sur l'acceptation de votre paiement par carte. Pensez à conserver les preuves (voir ci-dessus) pour d'éventuels litiges.

40 • CONSOMMATION

Sommaire

Comment se prémunir des plus grosses arnaques

Vol d'IBAN et fuite de données personnelles :
protégez-vous efficacement !

Les cyberattaques ont explosé ces dernières années. Les fuites de données personnelles, souvent issues de grandes entreprises ou services en ligne, alimentent un marché noir sur le dark web. Parmi ces informations volées, les coordonnées bancaires, comme les IBAN, sont particulièrement prisées par les escrocs.

À retenir

Ne cliquez jamais sur des liens suspects dans des e-mails ou SMS, même s'ils semblent légitimes. Activez l'authentification (2FA) à deux facteurs sur vos comptes sensibles pour renforcer leur sécurité : il s'agit de présenter de deux preuves d'identité distinctes au moment de l'authentification. Changez régulièrement vos mots de passe et optez pour des codes complexes. Demandez à votre banque de mettre en place une liste blanche de créanciers autorisés pour limiter les risques de prélèvements frauduleux. Enfin, surveillez vos relevés bancaires pour détecter rapidement toute activité inhabituelle et agissez sans attendre en cas de problème en appelant votre conseiller bancaire.

Fraude au faux conseiller bancaire :
ne vous laissez pas piéger

Appelée escroquerie au « spoofing », cette arnaque devient de plus en plus sophistiquée. En usurpant le numéro de téléphone de votre banque, les fraudeurs se font passer pour des conseillers légitimes. Leur objectif : gagner votre confiance et obtenir des informations sensibles ou des virements frauduleux.

À retenir

Ne partagez jamais vos codes bancaires ou identifiants par téléphone. Si un doute subsiste, raccrochez immédiatement et appelez votre agence via son numéro officiel. Une banque ne vous demandera jamais vos informations confidentielles par ce biais.

Fausse livraison de colis :
vigilance à chaque étape

Avec l'essor des achats en ligne, les arnaques liées à la livraison se multiplient. Les escrocs envoient des messages demandant de payer des frais imprévus ou de cliquer sur un lien pour finaliser la livraison. Une méthode plus insidieuse consiste pour certains livreurs malhonnêtes à prétendre que votre code de livraison est erroné, pour ensuite partir avec votre colis.

À retenir

Ne cliquez jamais sur des liens envoyés par SMS ou e-mails suspects. Vérifiez directement le statut de votre commande sur le site du marchand. Si un problème de code est évoqué par le livreur, consultez sa tablette ou contactez immédiatement le service client en sa présence. Ne laissez jamais un colis partir sans confirmation claire.

Arnaque à l'IA :
les nouvelles technologies au service des escrocs

Avec l'émergence des outils d'intelligence artificielle, des cybercriminels imitent à la perfection la voix ou le visage de vos proches pour vous piéger. Ils vous appellent en simulant une situation urgente pour vous demander de l'argent. Ces imitations exploitent des contenus disponibles sur vos réseaux sociaux, rendant l'arnaque extrêmement réaliste.

À retenir

En cas de demande d'argent, prenez toujours le temps de vérifier directement auprès de la personne concernée par un autre moyen (appel vidéo, message). Limitez la diffusion d'informations personnelles sur les réseaux sociaux et évitez les publications en mode public.

Arnaque au faux investissement : des promesses trop belles pour être vraies

Ces dernières années, de nombreux escrocs usurpent l'identité de personnalités connues ou d'influenceurs populaires pour donner une fausse crédibilité à leurs arnaques. Ils utilisent des publicités, des témoignages falsifiés et parfois même des images manipulées pour inciter les internautes à investir. Une fois l'argent transféré, il devient impossible de le récupérer. Moi-même, j'ai été victime de ce type d'usurpation, où des fraudeurs se sont servis de mon image pour tromper d'autres personnes.

À retenir

Ne cédez jamais à la pression ou à l'euphorie d'une offre d'investissement promettant des gains rapides et élevés. Vérifiez systématiquement :

L'identité de la plateforme ou du service. Consultez les listes noires des autorités financières (comme l'AMF en France) pour identifier les acteurs frauduleux.

Les sources des publicités. Un véritable influenceur ou une personnalité publique mentionnera toujours ses partenariats sur ses canaux officiels.

L'adresse web du site. Les escrocs utilisent souvent des URL proches de celles des plateformes légitimes, mais légèrement modifiées.

Activez une vigilance renforcée en contactant directement l'entreprise ou la plateforme concernée via ses canaux officiels, sans passer par le lien proposé dans la publicité.

Enfin, rappelez-vous qu'un vrai conseiller ou une entreprise honnête ne vous pressera jamais d'investir immédiatement. Si l'on vous pousse à agir vite, méfiez-vous : il s'agit souvent d'un piège.

L'arnaque au *phishing* : une menace évolutive

Chaque jour, des millions de mails et de SMS frauduleux sont envoyés. Ces messages imitent à la perfection les communications d'organisations légitimes (banques, administrations, opérateurs téléphoniques) pour usurper vos données personnelles. Ces campagnes frauduleuses sont souvent alimentées par des fuites massives de données revendues sur le dark web.

À retenir

Ne cliquez jamais sur un lien dans un e-mail ou SMS suspect, même s'il semble crédible. Vérifiez toujours l'adresse e-mail de l'expéditeur et privilégiez les sites officiels pour toute démarche. Si vous avez un doute, contactez directement l'organisme concerné par un autre moyen.

Escroquerie à la fausse location : méfiez-vous des propositions trop alléchantes

Avec la forte demande de logements, notamment dans les grandes villes, les arnaques à la location se multiplient. Les escrocs publient des annonces séduisantes pour des biens fictifs ou exagérément attractifs, souvent à des prix bien inférieurs au marché. Ils demandent un dépôt de garantie ou un premier loyer avant même d'organiser une visite. Une fois l'argent encaissé, ils disparaissent, laissant les victimes sans recours.

À retenir

Ne versez jamais d'argent avant d'avoir visité le logement et vérifié l'identité du propriétaire à l'aide de documents officiels comme une pièce d'identité ou un titre de propriété. Si un intermédiaire est impliqué, assurez-vous qu'il est agréé et légitime. Utilisez des plateformes reconnues qui sécurisent les paiements et évitez les annonces trop attractives. Enfin, si un propriétaire refuse de vous rencontrer en personne ou exige un paiement rapide, considérez cela comme un signal d'alerte.

Arnaque au QR code frauduleux : scannez avec prudence

Avec la digitalisation, les QR codes se trouvent partout : restaurants, publicités, et mêmes services publics. Mais certains escrocs les détournent pour rediriger vers des sites malveillants, subtiliser des informations personnelles ou infecter votre appareil avec des logiciels espions.

À retenir

Avant de scanner un QR code, vérifiez son origine. Privilégiez les codes imprimés sur des supports fiables et évitez ceux placés dans des lieux publics sans surveillance. Utilisez une application sécurisée qui analyse le contenu avant d'ouvrir un lien.

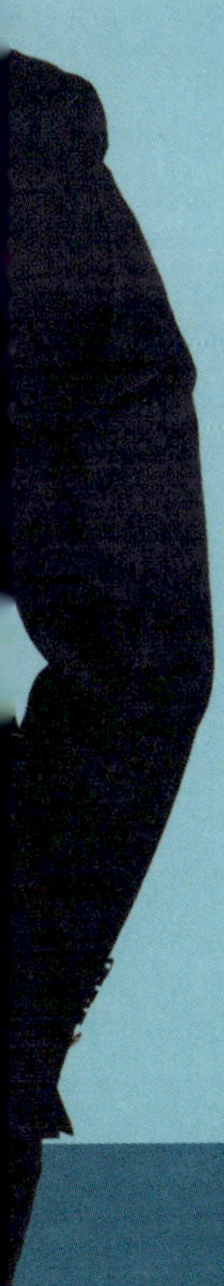

BANQUE & IMPÔTS

FINI LES LITIGES ⚡ FINI LES ARNAQUES

Que faire en cas d'opération frauduleuse sur votre compte ? Que faire si votre banque fait faillite ? Que pouvez-vous déduire lors de votre déclaration fiscale ? Autant de questions auxquelles Masdak répond.

Vous constatez une opération frauduleuse sur votre compte bancaire

Client : J'ai constaté une opération frauduleuse sur mon compte bancaire. J'aimerais un remboursement.

Banquier : Impossible. Vous avez fait preuve de négligence. Nous ne réalisons aucun remboursement.

LA MASDAKISATION

Client : Ces opérations ont été réalisées sans utilisation du code confidentiel et je suis toujours en possession de ma carte bancaire. D'après la loi, vous devez me rembourser immédiatement. De plus, c'est à vous de prouver ma négligence.

Banquier : C'est bon, vous avez raison, c'est remboursé.

CE QUE DIT **LA LOI**

Signalement de la fraude

La fraude doit être signalée à la banque dans un délai maximal de 13 mois après la date de débit (article L133-24 du Code monétaire et financier). Si l'établissement bénéficiaire du paiement se situe en dehors de l'Union européenne ou de l'Espace économique européen, le délai est de 70 jours (articles L133-1-1).

Obligations de la banque

La banque est tenue de rembourser immédiatement le montant débité ainsi que les éventuels agios (article L133-18 du Code monétaire et financier). Elle ne peut exiger de dépôt de plainte pour effectuer le remboursement, bien qu'il soit conseillé de déclarer la fraude aux autorités.

Exceptions à la franchise de 50 euros

Lorsque des paiements non autorisés sont réalisés avec une carte volée ou perdue, la banque peut demander au payeur de supporter une franchise maximale de 50 €. Cependant, **cette franchise ne s'applique pas dans les cas suivants** (article L133-19 du Code monétaire et financier) :

– Le paiement frauduleux a eu lieu sans utilisation du code confidentiel (par exemple, par paiement sans contact).

– La perte ou le vol de l'instrument de paiement était indétectable pour le titulaire avant le paiement.

– La perte est due à un acte ou une faute d'un salarié ou d'un agent du prestataire de services de paiement ou d'une entité sous-traitante.

Recours en cas de litige

En cas de litige persistant, **il est possible de saisir le médiateur bancaire.** Si cela n'aboutit pas, le litige peut être porté devant la justice, en fonction des montants. Jusqu'à 10 000 €, le tribunal de proximité ou le tribunal judiciaire est compétent. Au-delà de 10 000 €, le litige est traité par le tribunal judiciaire.

Informations complémentaires

Faute lourde ou fraude avérée : la banque peut refuser le remboursement si le client a commis une faute lourde ou a sciemment participé à une fraude.

Négligence : divulguer son numéro de carte, sa date d'expiration et le cryptogramme de manière non sécurisée peut être considéré comme une négligence grave.

EN RÉSUMÉ

Pour toute opération frauduleuse constatée sans preuve de négligence, la banque est tenue de rembourser les sommes débitées. En cas de litige, le médiateur bancaire ou la justice peuvent être saisis.

Vous constatez des frais bancaires inexpliqués sur votre compte

Client : J'ai constaté 65 € de frais bancaires sur mon compte.

Banquier : Vous avez un incident de paiement suite à un prélèvement rejeté de 35 € et une commission d'intervention de 30 € sur un découvert, soit 65 €. Donc tout est normal.

LA MASDAKISATION

Client : D'après la loi, le montant des frais ne peut pas dépasser le montant de l'ordre de paiement rejeté et est plafonné à 20 €. La commission d'intervention ne peut pas excéder 8 € par opération et 80 € par mois.

Banquier : Vous avez raison, j'annule ces frais, désolé.

CE QUE DIT **LA LOI**

Frais en cas d'incident de paiement

Le décret n° 2007-1611 du 15 novembre 2007 a fixé un plafond pour les frais bancaires liés aux incidents de paiement. **Ils ne peuvent pas excéder le montant de l'ordre de paiement rejeté et sont plafonnés à 20 €** (article D133-6 du Code monétaire et financier). Pour les chèques rejetés d'un montant inférieur ou égal à 50 €, les frais sont plafonnés à 30 € et dans les autres cas ils sont plafonnés à 50 € (article D131-25 du Code monétaire et financier).

Commissions d'intervention

Elles sont limitées à **8 € par opération et à 80 € par mois** maximum (article R312-4-1 du Code monétaire et financier). Pour les clients en situation de fragilité financière, ces commissions sont plafonnées à 4 € par opération et à 20 € par mois (article R312-4-2 du Code monétaire et financier).

Information préalable

La banque doit informer gratuitement le titulaire du compte des frais bancaires liés à des irrégularités et incidents de paiement au minimum 14 jours avant de les débiter (article L312-1-5 du Code monétaire et financier).

Recours en cas de frais excessifs

Si les frais bancaires sont excessifs et résultent d'une erreur de la banque, **le client doit contacter son conseiller**. En cas de désaccord, il convient d'envoyer **une réclamation par lettre recommandée** avec accusé de réception au directeur de l'agence bancaire. Si aucune réponse n'est donnée, le client peut envoyer une lettre recommandée à la direction générale de sa banque. En dernier recours, le client peut saisir le médiateur bancaire.

Informations complémentaires

Offre spécifique pour les clients en situation de fragilité financière : les personnes en état de fragilité financière peuvent bénéficier d'une offre spécifique limitant les frais de prélèvement liés aux incidents de paiement (article L312-1-3 du Code monétaire et financier).

Associations d'aide : les associations comme l'Association française des usagers des banques (AFUB) ou France Conso Banque peuvent également offrir des conseils et du soutien.

EN RÉSUMÉ

Les frais bancaires en cas d'incident de paiement sont réglementés et ne peuvent pas dépasser certains plafonds. En cas d'erreurs de la banque, il est possible de contester les frais en suivant une procédure de réclamation. Les clients en situation de fragilité financière peuvent bénéficier de protections supplémentaires.

Vous demandez de l'argent à la banque d'un proche pour organiser ses obsèques

Client : Mon père vient de décéder et je voudrais organiser les obsèques.

Banquier : Votre père n'avait souscrit aucune assurance décès, donc les frais d'obsèques sont entièrement à votre charge. Nous pouvons vous proposer, si vous le souhaitez, un prêt avec un échéancier de remboursement très avantageux.

LA MASDAKISATION

Client : Mon père avait de l'argent sur ses comptes donc d'après la loi, je peux prélever jusqu'à 5 000 € sur le compte de mon père pour financer les obsèques.

Banquier : Ah oui, vous avez raison. Envoyez-moi la facture et je vous fais un virement.

CE QUE DIT LA LOI

Droit de prélèvement sur le compte du défunt

Article 72 de la loi n° 2013-672 du 26 juillet 2013

La personne qui a qualité pour pourvoir aux funérailles du défunt peut débiter **jusqu'à 5 000 € sur les comptes de paiement du défunt,** sur présentation de la facture des obsèques. Ce prélèvement est autorisé même si celui qui a réglé la facture n'est pas un héritier.

Insuffisance de fonds

Si le défunt n'a pas prévu d'assurance obsèques ou que ses comptes bancaires ne couvrent pas les frais, les héritiers (ascendants et descendants) sont tenus de les financer, même en cas de renonciation à la succession. Ces frais, considérés comme une dette alimentaire, doivent être partagés selon les ressources de chacun et rester raisonnables.

Si la famille du défunt n'a pas de ressources suffisantes, la commune du lieu de décès doit prendre en charge les frais d'obsèques (article L2223-27 du Code général des collectivités territoriales). D'autres aides peuvent être également sollicitées.

EN RÉSUMÉ

En tant que proche du défunt, vous pouvez obtenir le remboursement total ou partiel des frais d'obsèques. La banque permet de prélever jusqu'à 5 000 € (montant révisé chaque année selon l'inflation) sur le compte du défunt, à condition que les fonds soient disponibles. Si ces fonds sont insuffisants et que la famille rencontre des difficultés financières, la commune peut prendre en charge les obsèques. Des aides complémentaires peuvent aussi être sollicitées auprès d'organismes comme la CNAV (Caisse nationale d'assurance vieillesse), la CPAM (Caisse primaire d'assurance maladie) ou les caisses de retraite complémentaire.

Vous souhaitez récupérer votre argent d'un compte bancaire inactif

Client : Je n'arrive plus à accéder à mon compte bancaire.

Banquier : Votre compte n'existe plus chez nous, car vous n'avez fait aucune opération depuis plus de 12 mois et vous ne vous êtes pas manifesté malgré nos multiples relances.

Client : Ce compte existe depuis plus de 10 ans. Où est mon argent ?

LA MASDAKISATION

Banquier : Vos fonds ont été déposés à la Caisse des dépôts et consignations. Vous pouvez les récupérer mais attention à ne pas être hors délai. Vous pouvez aussi aller sur Ciclade qui est un service gratuit qui permet de rechercher les sommes oubliées et non réclamées.

Client : Merci beaucoup pour ces renseignements.

CE QUE DIT LA LOI

Définition d'un compte inactif

Article L312-19 du Code monétaire et financier

Un compte de dépôt ou un compte courant est considéré comme inactif si **aucune opération n'a été effectuée pendant 12 mois** et si le titulaire ou son représentant ne s'est pas manifesté auprès de la banque. Les comptes sur livret, comptes-titres et d'épargne salariale sont déclarés inactifs à l'issue d'une période de 5 ans sans opérations ni contact avec leur titulaire

Transfert des fonds à la Caisse des dépôts et consignations

Article L312-20 du Code monétaire et financier

En cas d'inactivité d'un compte bancaire, et sans manifestation du titulaire, de son représentant légal, mandataire ou représentant pour une personne morale, la banque en informe le titulaire avant de procéder à sa clôture, qui a lieu après un délai de 6 mois. Les fonds sont ensuite transférés à la Caisse des dépôts et consignations (CDC) au bout de 10 ans d'inactivité (article 2 de la loi n° 77-4 du 3 janvier 1977).

Délai de restitution

Article 2 de la loi n° 77-4 du 3 janvier 1977

Les ayants droit disposent d'un délai de 30 ans pour réclamer les avoirs déposés à la CDC après le transfert. Passé ce délai, les fonds sont définitivement reversés à l'État (article L518-24 du Code monétaire et financier).

Service Ciclade

La Caisse des dépôts a mis en place le service Ciclade qui permet à toute personne de rechercher gratuitement si elle est bénéficiaire d'un compte inactif ou d'un contrat d'assurance-vie non réclamé. Ce service est accessible en ligne.

EN RÉSUMÉ

Pour récupérer votre argent d'un compte bancaire inactif, vous devez vérifier si les fonds ont été transférés à la Caisse des dépôts via le service Ciclade. Vous avez un délai de 30 ans pour réclamer ces fonds avant qu'ils ne soient définitivement reversés à l'État.

Votre banque fait faillite

Ami 1 : Je suis dégoûté… Ma banque vient de faire faillite, et j'avais tout mon argent chez eux !

Ami 2 : Oh non… Combien tu avais sur ton compte ?

Ami 1 : 80 000 euros et la banque n'est pas en mesure de me rembourser.

LA MASDAKISATION

Ami 2 : Ne t'inquiète pas trop, il y a une solution. Grâce au Fonds de garantie des dépôts et de résolution (FGDR), tes dépôts sont couverts jusqu'à 100 000 € par établissement.

Ami 1 : OK. Je vais voir ça tout de suite.

Ami 2 : Avec le FGDR, tes économies ne sont pas complètement perdues même si ta banque coule.

CE QUE DIT LA LOI

Fonds de garantie des dépôts et de résolution

Articles L312-4 à L312-18 du Code monétaire et financier.
La garantie des dépôts est mise en place pour protéger les déposants en cas de faillite de leur établissement bancaire. Elle est gérée par le Fonds de garantie des dépôts et résolution (FGDR). **Chaque déposant est couvert jusqu'à 100 000 € par établissement.** Ce plafond s'applique à l'ensemble des comptes détenus par le même déposant dans la même banque. Aucune démarche spécifique n'est requise pour bénéficier de cette garantie : le FGDR contacte directement les clients concernés.

Indemnisation par le FGDR

En cas de faillite d'une banque, le **Fonds de garantie des dépôts et de résolution (FGDR) indemnise les déposants** dans un délai de 7 jours ouvrables après la déclaration de défaillance. Cependant, l'indemnisation est limitée au plafond de 100 000 € par déposant et par établissement (directive européenne n° 2009/14/CE du 11 mars 2009).

Plafond de garantie

Le plafond de 100 000 € est applicable par établissement bancaire. Si un déposant a des comptes dans plusieurs banques, il peut bénéficier de la garantie jusqu'à 100 000 € dans chaque établissement.

Limites de la garantie

Il est important de noter que **la garantie ne couvre pas les dépôts au-delà de 100 000 €.** En cas de faillite d'une banque avec un encours de dépôts très élevé, il est possible que le FGDR ne puisse pas indemniser tous les déposants à hauteur de 100 000 € si ses ressources sont insuffisantes.

EN RÉSUMÉ

La garantie des dépôts protège les épargnants jusqu'à 100 000 € par établissement, avec une indemnisation prévue sous 7 jours en cas de faillite. Mais, en cas de crise bancaire systémique, les capacités du FGDR pourraient être dépassées. Une telle situation n'a encore jamais été rencontrée en France, donc son efficacité dans ce contexte reste à évaluer.

Votre RIB étranger est refusé

Client : Je rencontre un problème lors de la saisie du RIB pour le prélèvement.

Administration : Votre RIB est allemand et nous n'acceptons pas les RIB étrangers.

Client : Pourquoi ? Mon compte bancaire est valable.

Administration : Notre système est configuré pour ne traiter que les RIB français.

LA MASDAKISATION

Client : Vous n'avez pas le droit de refuser mon RIB. Ce que vous faites s'appelle de la discrimination sur l'IBAN.

Administration : D'accord, ne vous énervez pas, je prends votre RIB.

CE QUE DIT **LA LOI**

Règlement (UE) n° 260/2012

Selon l'article 9 de ce règlement, **il est illégal de refuser un RIB étranger provenant d'un pays de la zone SEPA** (espace unique de paiement en euros) pour des opérations de paiement telles que les prélèvements ou les virements. La zone SEPA inclut tous les États membres de l'Union européenne ainsi que les pays tiers comme le Royaume-Uni, la Suisse, l'Islande, la Norvège, Andorre, Monaco, Saint-Marin et le Vatican.

Discrimination sur l'IBAN

Elle se produit lorsque des prestataires de services de paiement **refusent d'accepter des IBAN d'autres pays de la zone SEPA sans justification légale.** Cela constitue une violation des droits des consommateurs et des obligations des établissements financiers.

Sanctions

En vertu de la loi de finances n° 2021-1308 du 8 octobre 2021, la DGCCRF (Direction générale de la concurrence, de la consommation et de la répression des fraudes) peut sanctionner financièrement toute personne, qu'elle soit physique ou morale, **à hauteur de 75 000 € pour les personnes physiques et de 375 000 € pour les personnes morales** en cas de discrimination portant sur les IBAN européens.

EN RÉSUMÉ

Le refus d'accepter un RIB étranger d'un pays de la zone SEPA pour un prélèvement constitue une discrimination illégale. Vous avez le droit d'utiliser votre RIB et l'établissement bancaire pourrait faire face à des sanctions financières en cas de non-respect de cette réglementation.

Vous possédez des comptes bancaires à l'étranger

Ami 1 : J'ai trois comptes en banque : un compte dans une néo-banque allemande, un autre dans une banque belge et un compte en cryptomonnaies dans une banque britannique.

Ami 2 : Tu dois les déclarer aux impôts.

LA MASDAKISATION

Ami 2 : Tous les comptes ouverts, détenus, utilisés ou clos à l'étranger doivent être déclarés aux impôts. Sinon tu risques une amende de 1 500 € par compte non déclaré, voire jusqu'à 10 000 €.

Ami 1 : Incroyable, je ne savais pas ! Je vais les déclarer.

CE QUE DIT LA LOI

Obligation de déclaration

Tous les comptes ouverts, détenus, utilisés ou clos à l'étranger doivent être déclarés à l'administration fiscale française (article 1649 A du Code général des impôts).

Comment déclarer

La déclaration est réalisée en même temps que celle des revenus annuels. **Allez sur votre espace personnel d'impot.gouv.fr.** Accédez à votre déclaration de revenus. Allez à l'étape 3. Dans la rubrique « Divers » cochez la case « Comptes à l'étranger ». Une nouvelle fenêtre s'affiche « Déclarations annexes ». Sélectionnez la troisième option « Déclaration par un résident d'un compte ouvert, détenu ou clos à l'étranger ». Validez puis cliquez sur « suivant ». Complétez l'annexe nº 3916-3916 bis en renseignant le nombre de comptes à l'étranger, puis complétez les informations.

Exemption de déclaration pour certains comptes étrangers adossés à un compte en France

La déclaration n'est pas obligatoire pour un compte étranger utilisé pour des paiements ou encaissements liés à des ventes, adossé à un compte en France (exemple PayPal), et dont les encaissements annuels ne dépassent pas 10 000 € (BOI-CF-CPF-30-20 n° 85).

Sanctions en cas de non-déclaration

En cas d'oubli ou d'erreur dans la déclaration, une amende de 15 € par omission ou inexactitude peut être appliquée (2 de l'article 1729 B du CGI.) Vous risquez **une amende de 1 500 € par compte non déclaré et 750€ d'amende par compte d'actif numérique non déclaré** (art. 1736 du CGI). Si le compte est situé dans un État qui n'a pas conclu de convention avec la France pour lutter contre la fraude et l'évasion fiscales, l'amende peut atteindre 10 000 € par compte. En cas de manquement délibéré, les redressements peuvent être majorés de 40 %, voire de 80 %.

Délais de prescription

L'administration fiscale dispose d'un délai de prescription spécial de **10 ans pour sanctionner** les comptes non déclarés.

EN RÉSUMÉ

La déclaration des comptes détenus à l'étranger doit être faite chaque année lors de votre déclaration de revenus, en y incluant les comptes ouverts ou détenus, utilisés ou clos l'année précédente. Des sanctions et amendes peuvent être appliquées en cas d'omission ou d'inexactitude dans la déclaration.

Vous avez fait un don à une association et avez droit à une réduction d'impôt

Ami 1 : J'ai fait un don l'année dernière de 1 000 € à une association qui aide les personnes en difficulté.

Ami 2 : Super ! Tu peux le faire, car tu es riche. Pas moi.

LA MASDAKISATION

Ami 1 : Non, je viens de récupérer 75 % de la somme, car les dons ouvrent le droit à une réduction d'impôt.

Ami 2 : Ça alors, je ne savais pas. Je vais donc de ce pas faire un don !

CE QUE DIT LA LOI

Taux de réduction d'impôt

– 66 % pour les dons faits à des organismes d'intérêt général : cette réduction s'applique aux dons versés à des associations ou organismes remplissant les critères suivants : être à but non lucratif, avoir un objet social et une gestion désintéressée, et ne pas fonctionner au profit d'un cercle restreint de personnes (article 200 du Code général des impôts). Par exemple, pour un don de 100 €, vous bénéficiez d'une réduction d'impôt de 66 €, ce qui signifie que le coût réel du don est de 34 € (100 € - 66 €).

– 75 % pour les dons faits aux associations d'aide aux personnes en difficulté : cette réduction s'applique aux dons versés à des organismes sans but lucratif qui fournissent gratuitement des repas, favorisent le logement, fournissent des soins gratuits ou aident au relogement des victimes de violences domestiques. Cette réduction s'applique dans la limite de 1 000 € de dons par an. Au-delà de cette limite, la réduction est de 66 % (article 200 du Code général des impôts). Par exemple, pour un don de 1 200 €, vous bénéficiez d'une réduction d'impôt de 75 % pour les premiers 1 000 €, soit 750 €, et de 66 % pour les 200 € restants, soit 132 €. La réduction totale est donc de 882 € (750 € + 132 €), ce qui signifie que le coût réel du don est de 318 € (1 200 € - 882 €).

Plafond de réduction

La réduction d'impôt ne peut excéder 20 % de votre revenu imposable. Si le montant des dons dépasse cette limite, l'excédent peut être reporté sur les cinq années suivantes et ouvre droit à la réduction d'impôt dans les mêmes conditions (article 200 bis du Code général des impôts).

Modalités de déclaration

Déclaration des dons : vous devez déclarer les dons effectués au cours de l'année sur votre déclaration de revenus, dans le champ « réductions et crédits d'impôt » (cases 7UD ou 7UF selon le don). Si vous déclarez vos revenus via un imprimé, vous devez joindre les justificatifs (reçus fiscaux) donnés par les associations après le don.

Justificatifs : en cas de contrôle fiscal, vous devez être en mesure de justifier de la réalité, de la valeur et du montant des dons (reçu fiscal, récépissé, relevé bancaire, expertise, etc.).

EN RÉSUMÉ

Les dons effectués à des associations peuvent donner droit à une réduction d'impôt significative, avec des taux de 66 % ou 75 % selon la nature de l'association. Il est crucial de déclarer ces dons correctement et de conserver les justificatifs pour éviter tout problème avec l'administration fiscale.

Vous donnez de l'argent à votre enfant pour financer son projet

Père : Pour ton projet, je vais te donner 10 000 euros.

Enfant : Merci, papa ! Mais ça veut dire que c'est considéré comme une donation ? Je vais devoir payer des impôts là-dessus, non ?

LA MASDAKISATION

Père : Pas du tout ! Chaque parent peut donner jusqu'à 100 000 euros à son enfant tous les 15 ans sans qu'il y ait de droit de donation à payer. En revanche, tu devras déclarer cette somme à l'administration fiscale.

Enfant : Ah super, je comprends mieux. Merci beaucoup, ça va vraiment m'aider pour mon projet !

CE QUE DIT LA LOI

Exonération fiscale pour les donations

Chaque parent peut donner jusqu'à 100 000 euros par enfant tous les 15 ans sans qu'il y ait de droits de donation à payer. Cela signifie qu'une donation d'une valeur inférieure à ce plafond est exonérée de droits de donation. Les droits de donation sont calculés sur la part du don qui dépasse l'abattement. Le barème des droits varie en fonction du lien de parenté entre le donateur et le bénéficiaire.

Obligation de déclaration

Bien que les donations puissent être exonérées de droits, **elles doivent être déclarées à l'administration fiscale.** Le donataire (celui qui reçoit le don) est tenu de remplir un formulaire de déclaration de don manuel (formulaire Cerfa n° 2735). Toutefois, si ce dernier est mineur ou majeur protégé, le donateur (celui qui fait le don), en tant que représentant légal, peut effectuer la déclaration en ligne à sa place. Une déclaration effectuée en ligne ne nécessite pas l'envoi du formulaire papier n° 2735 aux services d'enregistrement.

Délai de déclaration

Le formulaire de déclaration doit être soumis au **centre des impôts dans le mois suivant la donation.** Cela permet de s'assurer que la donation est correctement enregistrée, même si elle n'entraîne pas de paiement de droits.

Informations complémentaires

Toutefois, donner un peu d'argent, un bijou ou même un meuble à l'occasion d'un événement marquant de la vie familiale (comme Noël, un anniversaire, ou la réussite à un examen) **ne nécessite aucune démarche particulière.**

EN RÉSUMÉ

Les dons entre parents et enfants peuvent être exonérés de droits de donation dans certaines limites. Il est important de déclarer ces dons auprès de l'administration fiscale pour rester en conformité avec la loi. Pour des conseils adaptés à votre situation, n'hésitez pas à consulter un conseiller fiscal.

Vous souhaitez verser une pension alimentaire à vos parents

Enfant : J'ai décidé de te verser une pension alimentaire pour subvenir à tes besoins essentiels, tes dépenses de la vie courante. Et ainsi cela viendra en déduction de mes revenus imposables.

Père : Merci beaucoup de penser à moi, mais je crains que cela ne me desserve.

LA MASDAKISATION

Père : Cette pension vient en déduction de tes impôts. Mais de mon côté, cela va augmenter mon revenu imposable et peut-être me faire perdre des aides auxquelles j'ai droit.

Enfant : Désolé, je ne veux pas te faire payer plus d'impôts !

CE QUE DIT **LA LOI**

Conditions de déduction de la pension alimentaire

Articles 205 à 207 du Code civil et articles 156 à 163 du Code général des impôts

Vous pouvez déduire de vos revenus imposables la pension alimentaire versée à vos ascendants (parents, grands-parents, beaux-parents) dans le besoin, même s'ils ne vivent pas chez vous. Pour bénéficier de cette déduction, **vous devez prouver que la pension a été versée et qu'elle correspond aux besoins du bénéficiaire et à vos capacités financières.**

Déduction forfaitaire pour l'accueil d'un ascendant à domicile

Il est possible de déduire une somme forfaitaire de 3 968 € des revenus déclarés pour l'accueil d'un ascendant à votre domicile. Cette déduction s'applique à chaque ascendant hébergé, sans qu'aucun justificatif ne soit requis

Impact sur le revenu imposable du parent

La pension alimentaire que vous versez à votre parent doit être déclarée par ce dernier comme un revenu. Cela signifie qu'elle s'ajoute à son revenu imposable, ce qui peut effectivement entraîner une augmentation de son impôt sur le revenu et potentiellement affecter ses droits à certaines aides.

Si votre parent bénéficie d'aides sociales, il est important de vérifier si ces aides sont conditionnées à un plafond de ressources, car le montant de la pension pourrait le faire dépasser ce plafond. Cependant, si le parent dispose de ressources très faibles, il peut être exempté de déclarer les sommes versées par son enfant pour son hébergement en EHPAD, ou s'il perçoit l'ASPA.

Justificatifs et déclaration

Vous devez conserver les justificatifs de vos versements (relevés bancaires, factures) pour prouver la réalité des dépenses en cas de contrôle fiscal. Votre parent doit également déclarer le montant de la pension reçue dans ses revenus.

EN RÉSUMÉ

Vous pouvez verser une pension alimentaire à vos parents et bénéficier d'une déduction d'impôts, mais cela aura un impact sur leur revenu imposable. Il est donc essentiel de considérer les conséquences fiscales pour les deux parties avant de procéder à ce versement. Pour toute question relative aux aides fiscales, vous pouvez vous rendre au point d'accueil des Finances publiques le plus proche de chez vous.

Vous constatez une saisie sur votre compte bancaire

Client : Je suis à découvert de 300 € suite à une saisie administrative à tiers détenteur (SATD).

Banquier : Effectivement. Mais vous avez dû recevoir un courrier de notification. Vous devez 880 € à l'administration plus les frais de découvert.

LA MASDAKISATION

Client : À la date de saisie, mon compte bancaire était créditeur d'un montant de 603 € et lors d'une saisie sur un compte bancaire, la banque doit laisser un montant minimum à disposition du débiteur pour faire face à ses dépenses alimentaires.

Banquier : OK. Vous avez raison, je vous rembourse.

CE QUE DIT LA LOI

Une saisie bancaire intervient lorsque vous avez une dette envers un tiers et que cette dette reste impayée. Le créancier peut, sous certaines conditions, obtenir le prélèvement direct des sommes dues sur vos comptes bancaires.

Les types de saisies

Deux formes de saisies bancaires existent.

1-Saisie administrative à tiers détenteur (SATD)

– Cette procédure concerne les dettes envers les administrations publiques.

– L'administration envoie une demande de prélèvement à votre banque (tiers détenteur des fonds).

– Vous et votre banque recevez une notification. Si le montant est inférieur à 2 000 € (montant fixé par le décret n° 2018-1353 du 28 décembre 2018 relatif au cantonnement de l'indisponibilité des sommes laissées au compte en cas de saisie administrative à tiers détenteur), seule la somme due est bloquée pendant 15 jours. Au-delà de 2 000 €, la totalité de vos comptes est bloquée pour la même période.

– La banque peut facturer jusqu'à 10 % du montant de la saisie, avec un plafond de 100 €. Vous disposez de 2 mois pour contester auprès de l'administration. En cas de désaccord non résolu, vous pouvez saisir le juge compétent.

2-Saisie-attribution

– Cette procédure concerne les créances reconnues par décision de justice envers des particuliers ou entreprises.

– Un commissaire de justice notifie la banque et bloque immédiatement vos comptes pour 15 jours.

– Les frais bancaires appliqués sont fixés par la banque et ne sont pas plafonnés légalement. Vous pouvez contester la saisie dans le mois suivant la notification en saisissant le juge de l'exécution.

Le solde bancaire insaisissable (SBI)

En vertu de l'article L162-2 du Code des procédures civiles d'exécution, **la banque doit laisser un montant minimum sur le compte,** appelé solde bancaire insaisissable (SBI), qui est actuellement fixé à 635,70 € (depuis le 1er avril 2024) et qui permet au débiteur de faire face à ses dépenses alimentaires. Si le solde du compte au moment de la saisie est inférieur ou égal au SBI, la banque ne prélève aucune somme.

EN RÉSUMÉ

La saisie bancaire dépend de la nature du créancier (administration ou privé) et nécessite un acte formel (SATD ou décision de justice). Un montant minimum, appelé solde bancaire insaisissable (SBI), doit toujours rester disponible pour vous. Les frais bancaires appliqués varient en fonction du type de saisie et de l'établissement bancaire. Vous avez le droit de contester une saisie en respectant les procédures et les délais prévus.

Vous aidez financièrement votre enfant majeur

Enfant : J'ai besoin d'un peu d'argent ce mois-ci.

Parent : Tu es déjà nourri et logé. J'accepte, mais c'est la dernière fois.

Enfant : Merci. Mais tu sais que tu peux déduire de tes impôts l'aide que tu m'apportes (frais de logement, nourriture, etc.) ?

Parent : Comment ça ?

LA MASDAKISATION

Enfant : Tu peux déduire une somme forfaitaire de 3 968 € par enfant (seuil 2023), car je ne suis pas rattaché fiscalement à vous, et j'ai des revenus insuffisants.

Parent : Merci beaucoup, je vais le faire.

CE QUE DIT **LA LOI**

Conditions de déduction de l'aide apportée à un enfant majeur

Articles 156 à 163 du Code général des impôts

- L'enfant doit être majeur.
- L'enfant doit vivre au foyer, mais ne doit pas être rattaché fiscalement à ses parents.
- L'enfant doit avoir des revenus insuffisants.

Montant de la déduction

Vous pouvez déduire **une somme forfaitaire de 3 968 € par enfant sans avoir à fournir de justificatifs**. Cette déduction couvre principalement les dépenses de logement et de nourriture. Vous pouvez également déduire d'autres dépenses, telles que les frais de scolarité, pour leur montant réel et justifié. Cependant, le montant total de la déduction ne peut pas excéder 6 674 € par enfant.

Déclaration de la pension alimentaire

La pension alimentaire déduite **doit être déclarée par votre enfant dans sa propre déclaration de revenus.**

Exclusions et précautions

Attention, faites vos calculs pour déterminer ce qui est le plus avantageux pour vous entre la déduction d'une pension alimentaire et l'ajout d'une demi-part fiscale.

Si l'enfant est rattaché fiscalement au foyer, cette déduction n'est pas applicable.

Conservez les justificatifs des dépenses en cas de demande de l'administration fiscale.

Informations complémentaires

Vérifiez soigneusement votre déclaration pour vous assurer que toutes les déductions sont correctement appliquées. En cas de doute, n'hésitez pas à contacter l'administration fiscale ou un conseiller fiscal.

EN RÉSUMÉ

Si votre enfant majeur n'est pas rattaché à votre foyer fiscal, vous pouvez déduire l'aide apportée, à condition que ses revenus soient insuffisants et dans la limite d'un certain montant.

Vous êtes apprenti et vous remplissez votre déclaration d'impôt

Apprenti : Ma déclaration est préremplie. Je vais payer des impôts sur le revenu.

Conseiller impôts : Non, vous êtes apprenti donc vous bénéficiez d'un abattement fiscal.

LA MASDAKISATION

Conseiller impôts : Il faut cocher la case « Apprentis/stagiaires » dans la déclaration et le nouveau montant s'affiche. Vous êtes exonérés d'impôt jusqu'à 20 815 euros de revenu par an.

Apprenti : Merci, je corrige de suite.

CE QUE DIT LA LOI

Exonération des salaires des apprentis

Les salaires perçus par les apprentis sont exonérés d'impôt sur le revenu **dans la limite du montant annuel du salaire minimum de croissance** (SMIC, 20 815 € en 2023) (article 81 bis du Code général des impôts). Cette limite s'applique avant la déduction des frais professionnels.

Déclaration des revenus

Vous devez déclarer seulement **la partie du salaire (net imposable) supérieure à cette somme.**

Par exemple, si vous avez perçu 21 000 € en 2023, le montant à déclarer sera de 185 € (21 000 € - 20 815 €).

Comment bénéficier de l'abattement

Lors de la déclaration de revenus, **il est crucial de cocher la case « Apprentis/stagiaires »** pour que l'abattement soit appliqué. Si cette case n'est pas cochée, l'abattement ne sera pas pris en compte automatiquement.

Exclusions

Les contrats de professionnalisation ne bénéficient pas de cette exonération. Les revenus issus de ces contrats doivent être déclarés en totalité.

Informations complémentaires

Il est recommandé de **vérifier attentivement votre déclaration de revenus** pour vous assurer que l'abattement a bien été appliqué. En cas de doute, vous pouvez contacter l'administration fiscale ou consulter un conseiller fiscal.

EN RÉSUMÉ

Les apprentis bénéficient d'une exonération d'impôt sur le revenu dans la limite du montant annuel du SMIC. Pour en profiter, il faut cocher la case « Apprentis/stagiaires » lors de la déclaration. Seule la partie du salaire dépassant ce montant doit être déclarée. Les contrats de professionnalisation ne sont pas concernés par cette exonération. Assurez-vous que l'abattement a bien été appliqué pour éviter de payer des impôts inutiles.

Vous gérez le prélèvement à la source de votre couple

Ami 1 : Mon taux de prélèvement à la source a baissé depuis que je suis marié, mais celui de ma femme a augmenté alors qu'elle gagne moins que moi.

Ami 2 : C'est normal. L'administration fiscale calcule un taux par défaut qui est le taux commun du foyer et qui représente la moyenne des revenus du couple.

LA MASDAKISATION

Ami 2 : Tu peux changer le taux de prélèvement dans ton espace personnel et opter pour le taux individualisé. Ce taux individualisé va te permettre d'avoir un taux calculé en tenant compte de vos revenus personnels.

Ami 1 : C'est bien ça. C'est plus juste. Merci.

CE QUE DIT LA LOI

Taux de prélèvement commun

Pour les couples mariés ou pacsés, l'administration fiscale applique par défaut un taux de prélèvement commun. Ce taux est calculé sur la base des revenus globaux du foyer fiscal et représente une moyenne des revenus des deux conjoints (articles 204 A à 204 N du Code général des impôts).

Taux individualisé

Les couples peuvent opter pour un taux de prélèvement individualisé, ce qui permet à chaque conjoint d'avoir un taux de prélèvement distinct, basé sur ses propres revenus. Cela est particulièrement avantageux si les revenus des deux conjoints sont inégaux, car cela permet d'éviter qu'un conjoint ne soit prélevé à un taux trop élevé.

Changer de taux

Si vous souhaitez modifier votre taux de prélèvement, vous pouvez le faire sur le site impots.gouv.fr dans l'espace « Gérer mon prélèvement à la source ». Ce portail permet de signaler une hausse ou une baisse de revenus, ou un changement de situation familiale (mariage, naissance, etc.).

Application par défaut en 2025

À partir de septembre 2025, l'administration fiscale appliquera par défaut le taux individualisé pour les couples. **Le taux commun deviendra une option.** Ce changement vise à mieux ajuster le prélèvement à la réalité des revenus de chaque conjoint et à simplifier le système fiscal.

EN RÉSUMÉ

Les couples peuvent gérer leur taux de prélèvement à la source en optant pour un taux individualisé, ce qui est particulièrement avantageux en cas de différence de revenus. À partir de 2025, le taux individualisé sera appliqué par défaut, facilitant l'ajustement fiscal selon la situation individuelle de chaque conjoint. Il est conseillé de vérifier régulièrement vos prélèvements et de les ajuster si nécessaire.

Vous refusez une augmentation salariale par peur de payer plus d'impôts

Ami 1 : Je viens de refuser une augmentation salariale. Ma tranche d'imposition passait de 11 % à 30 % donc j'aurais payé beaucoup plus d'impôts.

Ami 2 : Tu es fou. Il faut accepter !

Ami 1 : Pourquoi ?

LA MASDAKISATION

Ami 2 : L'impôt sur le revenu fonctionne selon un barème progressif lié à des tranches marginales d'imposition (TMI), donc tu seras taxé à 30 % seulement pour chaque euro au-dessus de la nouvelle tranche d'imposition après l'augmentation de salaire.

Ami 1 : Oh merci pour l'info ! Alors, je vais accepter.

CE QUE DIT LA LOI

Barème progressif de l'impôt sur le revenu

L'impôt sur le revenu en France est calculé selon un barème progressif qui comporte plusieurs tranches. **Les taux d'imposition varient de 0 % à 45 %** en fonction des revenus imposables (article 197 du Code général des impôts).

Par exemple, pour l'année 2024, les tranches sont les suivantes :

- Jusqu'à 11 294 € : 0 %
- De 11 295 € à 28 797 € : 11 %
- De 28 798 € à 82 341 € : 30 %
- De 82 342 € à 177 106 € : 41 %
- Plus de 177 106 € : 45 %

Taux marginal d'imposition (TMI)

Le taux marginal d'imposition est **le taux qui s'applique à la dernière tranche de revenus.** Si vous passez d'une tranche à une autre en raison d'une augmentation salariale, vous ne serez pas imposé à ce nouveau taux sur l'ensemble de vos revenus, mais uniquement sur la partie qui dépasse le seuil de la tranche inférieure.

Impact de l'augmentation salariale

Refuser une augmentation salariale par peur de payer plus d'impôts peut être une décision financière peu judicieuse. En effet, même si une partie de votre revenu sera imposée à un taux plus élevé, **l'augmentation de votre revenu net après impôts peut compenser cette hausse d'imposition.** Il est donc souvent plus avantageux d'accepter l'augmentation.

EN RÉSUMÉ

Le système d'imposition sur le revenu en France est progressif, et vous ne serez imposé à un taux plus élevé que sur la portion de revenu qui dépasse le seuil de la tranche inférieure. Il est généralement conseillé d'accepter une augmentation salariale, même si cela entraîne un passage à une tranche d'imposition supérieure.

Votre enfant occupe un logement étudiant... Vous remplissez votre déclaration d'impôt

Père : J'ai fini ma déclaration de revenus.

Enfant : As-tu renseigné l'adresse de mon logement étudiant ?

Père : Non ! Tu es rattaché fiscalement chez nous, donc tu gardes la même adresse que nous.

Enfant : Non, papa ! Tu dois justement renseigner l'adresse de mon logement étudiant au lieu de celle de la famille.

LA MASDAKISATION

Père : Pourquoi ?

Enfant : Pour éviter une imposition erronée à la taxe d'habitation sur résidence secondaire. En fait plusieurs d'étudiants ont reçu par erreur une taxe d'habitation pour leur logement étudiant qui a été traité comme une résidence secondaire. Et pour cette dernière, la taxe d'habitation subsiste.

Père : Tu as raison. Je modifie.

CE QUE DIT LA LOI

Obligation de déclaration de l'adresse du logement étudiant

Les parents doivent indiquer si l'étudiant rattaché fiscalement occupe un logement indépendant. Si c'est le cas, **ils doivent renseigner l'adresse de ce logement** à l'étape 2 de la déclaration de revenus.

Suppression de la taxe d'habitation sur les résidences principales

Depuis le 1er janvier 2023, la taxe d'habitation sur les résidences principales a été supprimée. Cependant, **elle reste applicable aux résidences secondaires** et autres locaux meublés non affectés à l'habitation principale.

Conséquences de la non-déclaration

Si l'adresse du logement étudiant n'est pas renseignée, **le logement pourrait être considéré comme une résidence secondaire.** Cela entraînerait l'application de la taxe d'habitation sur les résidences secondaires, qui peut être plus élevée.

Exonération pour les étudiants logés au CROUS

Les résidences universitaires gérées par les centres régionaux des œuvres universitaires et scolaires (CROUS) et par les organismes qui subordonnent l'accès des logements à des conditions financières et d'occupation analogues à celles des CROUS sont exonérés de taxes d'habitation (article 1407, II-5° du Code général des impôts).

Informations complémentaires

Vérifiez attentivement les informations déclarées pour éviter toute erreur fiscale. En cas de doute, contactez l'administration fiscale ou un conseiller.

EN RÉSUMÉ

Déclarer l'adresse du logement étudiant dans la déclaration de revenus permet d'éviter que le logement soit considéré comme une résidence secondaire et ne soit soumis à la taxe d'habitation. Assurez-vous de remplir correctement les informations pour éviter une imposition injustifiée.

Credit Card

CONSOMMATION

FINI LES LITIGES FINI LES ARNAQUES

Au supermarché, chez le coiffeur, au restaurant, à la salle de sport, chez votre fournisseur de téléphonie... Vous êtes parfois confronté à des interrogations qui restent souvent sans solution. Masdak y répond.

Vous constatez une augmentation du tarif de votre abonnement téléphonique

Client : Le tarif de mon abonnement a augmenté de 2 € sans mon accord !

Conseiller : Nous avons fait évoluer l'offre. Nous sommes en droit d'augmenter les prix de votre forfait en cours d'abonnement.

LA MASDAKISATION

Client : Certes, mais vous auriez dû m'informer du projet de modification du prix au moins 1 mois à l'avance. De plus, je dispose de 4 mois pour résilier sans frais ni pénalités.

Conseiller : C'est bon, c'est bon, ne vous emportez pas, on maintient le tarif de base.

CE QUE DIT LA LOI

Obligation d'information préalable

L'article L224-33 du Code de la consommation dispose que tout projet de modification des conditions contractuelles de fourniture d'un service de communications électroniques doit être communiqué par le prestataire au consommateur **au moins 1 mois avant son entrée en vigueur.** Cette communication doit être claire et compréhensible et se faire sur un support durable (lettre ou courriel).

Droit de résiliation sans frais

Le même article précise que le consommateur peut résilier le contrat sans pénalité de résiliation et sans droit à dédommagement, jusque dans **un délai de 4 mois après l'entrée en vigueur de la modification,** s'il n'accepte pas les nouvelles conditions.

Procédure de contestation

Si vous n'avez pas été informé de l'augmentation du tarif de votre abonnement, **vous pouvez contester cette modification auprès de votre opérateur.** En cas de réponse insatisfaisante, vous pouvez saisir le médiateur des communications électroniques.

Conservation des preuves

Il est important de **conserver toutes les communications échangées avec votre opérateur** pour pouvoir apporter des preuves solides en cas de litige.

EN RÉSUMÉ

Si vous constatez une augmentation de votre abonnement téléphonique sans notification préalable, vous avez le droit de contester cette hausse. Vous devez être informé au moins 1 mois à l'avance et avez 4 mois pour résilier sans frais si vous refusez les nouvelles conditions.

Vous recevez un appel de démarchage téléphonique

Démarcheur : Nous sommes la société X et je vous appelle pour vous proposer une offre internet fibre. Quel forfait avez-vous actuellement ?

Client : Monsieur, vous m'appelez avec un 07. Et en plus, il est 13 h.

Démarcheur : Où est le problème ?

LA MASDAKISATION

Client : L'usage des numéros 06, 07 est interdit par la loi dans le cadre d'un démarchage téléphonique. De plus, vous m'appelez à 13 h, ce qui est interdit. Vous risquez jusqu'à 375 000 euros d'amende.

Démarcheur : Promis, je ne vous rappelle plus !

CE QUE DIT LA LOI

Depuis le 1er janvier 2023, les plateformes de démarchage commercial ne peuvent plus vous appeler à partir de numéros commençant par 06 ou 07. **Ces numéros sont associés aux téléphones portables et leur utilisation pour le démarchage est interdite** (décision n° 2022-1583 de l'Autorité de régulation des communications électroniques, des postes et de la distribution de la presse, ARCEP).

Les appels de démarchage téléphonique sont soumis à des **plages horaires spécifiques.** Les appels ne doivent pas être passés entre 13 h et 14 h et après 20 h en semaine, ainsi que les week-ends et jours fériés. Lors de l'appel, le professionnel doit dès le début préciser son identité, éventuellement celle de l'entité pour laquelle il appelle, et la nature commerciale de l'échange, de manière claire et compréhensible (article L221-16 du Code de la consommation). Si le consommateur refuse le démarchage lors d'un appel téléphonique, le professionnel doit cesser tout contact pendant au moins 60 jours à compter de ce refus (décret n° 2022-1313).

Astuce

Le consommateur peut s'inscrire gratuitement sur la liste d'opposition Bloctel pour refuser le démarchage téléphonique (article L223-1 du Code de la consommation).

Le professionnel ne respectant pas ces obligations s'expose à de lourdes amendes. Certaines sanctions sont publiées sur le site de la DGCCRF : /dgccrf/sanctions-protection-economique-des-consommateurs.

EN RÉSUMÉ

Le démarchage téléphonique est strictement encadré et fait l'objet de régulations constantes. En cas d'abus, vous pouvez contacter les autorités compétentes, comme la DGCCRF ou réaliser un signalement via le site signal.conso.gouv.fr

Vous êtes démarché au téléphone pour des travaux de rénovation énergétique

Démarcheur : Je vous appelle pour vous proposer notre service de rénovation énergétique afin de réduire votre facture d'énergie. Ne raccrochez pas, rassurez-vous nous sommes mandatés par l'État.

Client : Ce que vous faites est illégal.

LA MASDAKISATION

Client : La loi interdit le démarchage téléphonique pour des travaux de rénovation énergétique. De plus, les services publics ne démarchent jamais, vous appelez en dehors d'un horaire autorisé et vous avez oublié de me fournir les informations obligatoires au début de cet appel. Pour toutes ces raisons, j'effectue un signalement à SignalConso et vous risquez jusqu'à 375 000 € d'amende.

Démarcheur : Ne faites pas ça. Je ne vous appellerai plus !

CE QUE DIT **LA LOI**

Loi du 24 juillet 2020

Interdiction du démarchage téléphonique pour des travaux de rénovation énergétique.
Exception : sollicitations dans le cadre d'un contrat en cours (article L223-1 du Code de la consommation).

Points importants à retenir

Services publics : ils ne démarchent jamais les consommateurs par téléphone, internet ou à domicile. Si une entreprise prétend être mandatée par l'État pour des travaux de rénovation énergétique, elle est probablement en infraction.
Horaires de démarchage : le démarchage téléphonique est autorisé du lundi au vendredi par le décret du 1er mars 2023 selon les horaires suivants :
Matin : 10 h à 13 h.
Après-midi : 14 h à 20 h.
Interdit : samedi, dimanche et jours fériés.

Conséquences en cas de démarchage illégal

Les professionnels peuvent encourir des amendes :
375 000 € pour les personnes morales.
75 000 € pour les personnes physiques.

Que faire si vous êtes démarché illégalement ?

Signalez la pratique : utilisez la plateforme SignalConso pour signaler le démarchage illégal. Cela peut aider à prendre des mesures contre les entreprises fautives.

EN RÉSUMÉ

Si vous recevez des appels pour des travaux de rénovation énergétique, sachez que cela peut être illégal. N'hésitez pas à signaler ces pratiques pour contribuer à la protection des consommateurs.

Vous demandez un remboursement de vos communications hors forfait mobile à l'étranger

Client : Je viens de recevoir ma facture de mobile et vous me facturez du hors forfait à l'étranger alors que je n'ai utilisé que le Wi-Fi de l'hôtel. Donc je souhaite un remboursement.

Opérateur : Vous avez laissé l'option internet mobile en itinérance activée, donc je ne peux faire aucun remboursement.

LA MASDAKISATION

Client : Vous auriez dû interrompre ma connexion dès lors que j'avais atteint le plafond de 50 € hors forfait et étiez, en plus, dans l'obligation de m'avertir dès lors que j'avais atteint 80 % de ce seuil. N'ayant jamais reçu cette notification, vous devez me rembourser.

Opérateur : C'est bon. C'est bon... Je vous rembourse.

CE QUE DIT LA LOI

Règlement sur l'itinérance du 18 juin 2009 (règlement (CE) nº 544/2009 du parlement européen et du conseil)

Les opérateurs doivent **plafonner les frais d'itinérance à 50 € HT.** Ils doivent envoyer un message d'avertissement lorsque l'utilisateur atteint 80 % de ce plafond.

Vos droits

Si vous n'avez pas reçu de notification et que vous avez été facturé pour des communications hors forfait, vous pouvez demander un remboursement.

Points à considérer

Si l'option d'internet mobile en itinérance est activée, des frais peuvent s'appliquer pour l'utilisation de données mobiles, même si vous pensiez utiliser uniquement le Wi-Fi. Cependant, l'opérateur est tenu de respecter ses obligations de notification concernant le plafond des frais.

Démarches à suivre

Contacter le service client : demandez un remboursement en soulignant que l'opérateur n'a pas respecté son obligation d'avertir.

Escalader si nécessaire : si la réponse du service client est insatisfaisante, vous pouvez contacter le service consommateur de l'opérateur.

Médiation : si le problème persiste, envisagez de saisir le médiateur des communications électroniques.

EN RÉSUMÉ

Vous avez des droits en matière d'itinérance et pouvez réclamer un remboursement si l'opérateur n'a pas respecté ses obligations de notification. N'hésitez pas à suivre les étapes nécessaires pour faire valoir vos droits.

Vous réclamez une indemnisation à votre opérateur téléphonique défaillant

Utilisateur : Je n'ai plus de connexion internet depuis plusieurs jours.

Opérateur : Tout sera rétabli la semaine prochaine.

Quelques jours plus tard...

Utilisateur : La connexion est rétablie, je souhaite un remboursement et une indemnisation pour le préjudice subi.

Opérateur : Je regrette, pour ce genre de cas, nous ne prévoyons pas de remboursement.

LA MASDAKISATION

Utilisateur : D'après la loi, l'opérateur est tenu à une obligation de résultat. Comme vous avez manqué à votre obligation de résultat, j'exige un remboursement de la somme correspondant à la période pendant laquelle je n'ai pas eu accès au service ainsi qu'une indemnisation.

Opérateur : Vous avez raison. J'effectue le remboursement.

CE QUE DIT **LA LOI**

Article D98-4 du Code des postes et des communications électroniques

Les opérateurs ont une obligation de résultat, ce qui signifie qu'ils doivent fournir le service promis de manière continue et sans interruption. En cas de défaillance, le client a le droit de demander une indemnisation pour le préjudice subi.

Article 1231-1 du Code civil

Le débiteur (l'opérateur) **peut être condamné à verser des dommages et intérêts** en raison de l'inexécution de l'obligation ou du retard dans son exécution, sauf s'il prouve que cela est dû à un cas de force majeure.

Vos droits

Si vous n'avez pas eu accès à internet pendant plusieurs jours, **vous pouvez demander un remboursement** pour la période durant laquelle le service n'a pas été fourni.
Vous pouvez également réclamer une indemnisation pour le préjudice subi.

Démarches à suivre

Réclamation écrite : rédigez une réclamation écrite à votre opérateur, en mentionnant les articles de loi pertinents et en détaillant votre demande.
Refus d'indemnisation : si l'opérateur refuse votre demande, envisagez de saisir le médiateur des communications électroniques. Vous pouvez aussi signaler tout problème rencontré avec une entreprise via Signal Conso de la DGCCRF.
Action en justice : si nécessaire, vous pouvez intenter une action en justice.

EN RÉSUMÉ

Vous avez des droits en cas de défaillance de service de votre opérateur. Il est essentiel de bien documenter votre demande et de suivre les procédures appropriées pour faire valoir vos droits.

Vous souhaitez résilier votre abonnement internet suite à un service déplorable

Client : Je souhaite résilier mon abonnement, car le système bugge tout le temps. Et le technicien n'est toujours pas passé.

Opérateur : Ce n'est pas possible, vous êtes encore engagé pour 18 mois.

LA MASDAKISATION

Client : La loi me permet de résilier à tout moment mon contrat de façon anticipée sans payer d'indemnités.

Opérateur : D'accord, je fais la résiliation.

CE QUE DIT **LA LOI**

Droit de résiliation

Selon les articles L224-33 à L224-42 du Code de la consommation, **vous pouvez résilier votre contrat à tout moment** si l'opérateur ne fournit pas le service attendu (pannes fréquentes, absence de technicien, etc.) même si vous êtes sous engagement.

Vous n'aurez pas à payer d'indemnités. Vous pouvez également demander une indemnisation pour le préjudice subi.

Étapes à suivre pour la résiliation

1-Contacter le service technique : signalez le problème et demandez une solution.

2-Formaliser la demande : si le problème persiste, contactez le service client pour signaler votre intention de résilier.

3-Envoyer une lettre recommandée : rédigez une lettre à votre opérateur en précisant les raisons de votre résiliation et la référence aux problèmes de service ; indiquez que vous vous basez sur votre droit à résilier en cas de service défaillant.

4-Délai de résiliation : l'opérateur a 10 jours francs pour mettre fin à votre contrat à partir de la réception de votre demande. Vous pouvez demander un délai plus long si nécessaire.

EN RÉSUMÉ

Si votre fournisseur internet ne respecte pas ses engagements, vous avez le droit de résilier votre abonnement. En cas de litige, vous pouvez solliciter l'aide d'une association de consommateurs pour vous accompagner dans vos démarches. Dans certaines situations, elle peut engager des actions collectives contre l'opérateur.

Une entreprise vous réclame de l'argent pour des factures impayées

Client : Je viens de recevoir un courrier de votre part pour des factures impayées. De quoi s'agit-il ?

Vendeur : Vous avez une dette de 950 € pour la période 2018-2019 à régler, car pendant plusieurs mois nous ne vous avons pas facturé.

LA MASDAKISATION

Client : Le délai de prescription de 2 ans étant passé, je n'ai pas l'obligation de régler la dette.

Vendeur : En effet, vous avez raison, j'annule la dette.

CE QUE DIT **LA LOI**

Délai de prescription pour les factures impayées

Selon l'article L218-2 du Code de la consommation, **le délai de prescription pour le recouvrement d'une facture impayée entre un professionnel et un consommateur est de 2 ans.** Ce délai commence à courir à partir de la date d'exigibilité de la créance, généralement 30 jours après la réception des biens ou l'exécution du service.

Délai de prescription pour les transactions entre professionnels

Pour les transactions entre professionnels, **le délai de prescription est de 5 ans** (article L110-4 du Code de commerce). Cela signifie que si la créance concerne une entreprise, le créancier a jusqu'à 5 ans pour agir en justice.

Effets du dépassement du délai de prescription

Une fois le délai de prescription écoulé, **le créancier ne peut plus légalement demander le paiement de la créance** par voie judiciaire. Cela signifie que, une fois le délai de prescription écoulé, **le créancier perd le droit d'engager des poursuites judiciaires** pour obtenir le paiement de la créance.

Exceptions

Il est important de noter que **si le créancier a engagé une action en justice avant l'expiration du délai de prescription,** celui-ci peut être suspendu ou interrompu. De plus, des paiements partiels ou des reconnaissances de dette peuvent également affecter le point de départ du délai de prescription.

EN RÉSUMÉ

Le délai de prescription varie en fonction de la relation : 2 ans pour une facture entre un professionnel et un particulier, et 5 ans entre deux professionnels. Il est toutefois important de vérifier si un acte interruptif de prescription n'a pas été effectué.

Vous réglez un achat de 3,99 € avec un billet de 100 €

Hôte de caisse : Cela fera 3,99 €. Comment réglez-vous ?
Client : En espèces. Voilà un billet de 100 €.
Hôte de caisse : Je n'ai pas la monnaie.
Client : D'après la loi, vous ne pouvez pas refuser l'espèce.

LA MASDAKISATION

Hôte de caisse : Certes, mais d'après le Code monétaire et financier, en cas de paiement en billets, il vous appartient de faire l'appoint ! Si vous n'avez pas l'appoint, j'ai le droit de refuser le paiement.
Client : C'est bon, je paye par carte.

CE QUE DIT LA LOI

Obligation d'accepter les espèces

En France, les billets et les pièces en euros sont des moyens de paiement qui ne peuvent pas être refusés. Refuser un paiement en espèces est puni de l'amende prévue pour les contraventions de la deuxième classe. L'amende peut aller jusqu'à 150 € (articles R642-3 et 131-13 du Code pénal).

Obligation de faire l'appoint

Lorsqu'un paiement est effectué en espèces, **c'est au débiteur de faire l'appoint.** Ainsi, le créancier peut refuser le paiement en espèces s'il ne dispose pas de suffisamment de monnaie pour rendre la différence (article L112-5 du Code monétaire et financier).

Nombre de pièces

Le paiement avec plus de 50 pièces pour un seul achat peut être refusé, sauf pour les paiements au Trésor public (Règlement (CE) n° 974/98 du 3 mai 1998).

EN RÉSUMÉ

En France, le paiement en espèces est généralement accepté, mais il est essentiel de disposer de l'appoint. Les commerçants peuvent refuser un paiement en espèces s'ils n'ont pas la monnaie nécessaire. Il existe également des limites concernant le nombre de pièces pouvant être utilisées pour un paiement.

Vous réglez un achat avec un billet de banque très abîmé

Vendeur : Votre billet est très abîmé, je ne peux pas l'accepter.

Client : Ce billet respecte la règle des 50 %, il conserve donc sa valeur.

Vendeur : Et alors !

LA MASDAKISATION

Client : Ce billet possède au moins 50 % de sa taille initiale, il suffit de se rendre à la Banque de France pour l'échanger.

Vendeur : Je ne savais pas, je vous encaisse alors.

CE QUE DIT **LA LOI**

Refus d'un billet abîmé

Un commerçant peut **refuser un billet s'il est trop abîmé** ou s'il doute de son authenticité. Cependant, cela ne signifie pas que le billet perd sa valeur.

Conditions d'échange à la Banque de France

Un billet abîmé peut être échangé à la Banque de France sous certaines conditions.

Authenticité : le billet doit être authentique.

Surface : le billet doit conserver une surface supérieure à 50 % de sa taille initiale.

Identité : vous devez être majeur et présenter une pièce d'identité.

Détérioration : vous devez certifier sur l'honneur que la détérioration n'est pas intentionnelle.

Informations complémentaires

Authenticité du billet : la Banque de France vérifiera l'authenticité du billet avant de procéder à l'échange. Si le billet est jugé faux, il sera confisqué sans compensation.

Détérioration non intentionnelle : vous devez certifier que la détérioration du billet n'est pas intentionnelle. En cas de doute, la Banque de France peut refuser l'échange.

Procédure d'échange : vous pouvez vous rendre dans une succursale de la Banque de France ou envoyer le billet par courrier recommandé avec accusé de réception, accompagné des justificatifs nécessaires.

EN RÉSUMÉ

Un billet de banque abîmé peut être refusé par un commerçant, mais il conserve sa valeur tant qu'il respecte la règle des 50 %. Il est possible de l'échanger à la Banque de France sous certaines conditions, notamment son authenticité et en certifiant que la détérioration n'est pas intentionnelle.

Vous payez vos achats avec un très grand nombre de pièces

Hôte de caisse : Cela fera 75 €.
Client : Voilà 150 pièces de 0,50 €.
Hôte de caisse : Cela ne va pas être possible.

LA MASDAKISATION

Client : Les espèces ont cours légal, vous ne pouvez donc pas refuser un paiement en espèces sous peine d'une amende de deuxième classe.

LA REMASDAKISATION

Hôte de caisse : C'est exact, mais d'après la loi, nul n'est tenu d'accepter plus de 50 pièces pour un seul paiement.
Client : C'est bon, je paye par carte.

CE QUE DIT **LA LOI**

Limitation du nombre de pièces

Quelles que soient les catégories de pièces (1, 2, 5, 10, 20, 50 centimes, 1 ou 2 euros), **un commerçant n'est pas tenu d'accepter plus de 50 pièces lors d'un seul paiement.** Cette règle est établie par l'article 11 du règlement (CE) n° 974/98 du Conseil du 3 mai 1998 concernant l'introduction de l'euro. Plus de 50 pièces pour un seul paiement peuvent donc être refusées, sauf pour les paiements au Trésor public.

Obligations du commerçant

Les billets et les pièces en euros sont, en principe, les seuls moyens de paiement en France qui ne peuvent pas être refusés. Cependant, il existe des exceptions, notamment concernant le nombre de pièces. Un commerçant qui refuse un paiement en espèces sans raison valable risque une amende de 150 euros (article R642-3 du Code pénal).

Exceptions et précautions

Le commerçant peut **refuser des pièces en mauvais état,** des fausses pièces ou des devises étrangères.

Le commerçant peut également **refuser le paiement en espèces pour des raisons techniques ou de sécurité,** par exemple, en horaires de nuit.

Informations complémentaires

Le règlement (CE) n° 974/98 du Conseil du 3 mai 1998 vise à encadrer l'utilisation des pièces et billets en euros pour garantir une circulation fluide et sécurisée des espèces.
Le Code monétaire et financier précise les obligations et les droits des débiteurs et créanciers en matière de paiement en espèces.

EN RÉSUMÉ

Un commerçant peut refuser d'accepter plus de 50 pièces lors d'un seul paiement, conformément à l'article 11 du règlement (CE) n° 974/98. Les paiements en espèces, bien qu'ayant cours légal, sont soumis à certaines limitations, et le commerçant peut également refuser des pièces en mauvais état ou bien pour des raisons de sécurité.

Un commerçant vous refuse un paiement par carte bancaire

Commerçant : Cela fera 20 €.
Client : Par carte, s'il vous plaît.
Commerçant : Je ne prends pas la CB.

LA MASDAKISATION

Client : D'après la loi, vous avez le droit de refuser un paiement par CB ou d'exiger un montant minimal, mais à condition de le signaler par un affichage. Je n'en vois aucun ici.
Commerçant : C'est bon, je vous encaisse exceptionnellement par CB.

CE QUE DIT LA LOI

Refus de paiement par carte bancaire

Un commerçant a le droit de refuser un paiement par carte bancaire, mais il doit en informer ses clients par **un affichage clair et visible.** Cette obligation d'affichage s'applique également si le commerçant impose des conditions spécifiques, comme un montant minimum pour les paiements par carte.

Obligation d'information

L'affichage doit être bien visible à l'entrée du magasin et à la caisse. En cas de ventes à distance, les informations doivent être communiquées sur le site internet ou tout autre support électronique ou mobile avant la conclusion du contrat d'achat.

Exceptions

Certains professionnels, comme les chauffeurs de taxi, **sont tenus d'accepter les paiements par carte bancaire.** De même, les professionnels affiliés à un centre de gestion agréé ne peuvent refuser ni la carte bancaire ni le chèque.

Informations complémentaires

Conservation des preuves : il est important de conserver une copie de toute communication ou affichage relatif aux moyens de paiement acceptés pour éviter tout litige futur.
Procédure de contestation : si vous constatez que le commerçant ne respecte pas ces obligations, vous pouvez signaler cette infraction à la Direction générale de la concurrence, de la consommation et de la répression des fraudes (DGCCRF).

EN RÉSUMÉ

Un commerçant peut refuser un paiement par carte bancaire, mais il doit en informer les clients par affichage. S'il ne le fait pas, vous avez le droit d'insister sur l'acceptation de votre paiement par carte. Pensez à conserver les preuves (voir ci-dessus) pour d'éventuels litiges.

Vous payez votre trajet en taxi par carte bancaire

Chauffeur : Vous voilà arrivé à destination.
Client : Je vais vous payer par carte bancaire.
Chauffeur : Désolé mon terminal de carte bleue est hors service aujourd'hui. Je ne prends que des espèces.

LA MASDAKISATION

Client : D'après la loi, vous êtes obligé d'accepter les paiements par carte bancaire et le fait de refuser vous expose à une amende pouvant aller jusqu'à 1 500 €.
Chauffeur : Un instant, je réinitialise le terminal de paiement : incroyable, cela fonctionne à nouveau.

CE QUE DIT LA LOI

Obligation d'accepter les paiements par carte bancaire

Selon l'article L3121-11-2 du Code des transports, **les taxis sont tenus d'accepter les paiements par carte bancaire** pour toutes les courses, quel que soit leur montant. Cela signifie que le client a le droit de régler sa course par carte bancaire, et le chauffeur ne peut pas refuser ce moyen de paiement.

Sanctions en cas de refus

Le refus d'accepter un paiement par carte bancaire expose le chauffeur à **une amende pouvant aller jusqu'à 1 500 €.** Cette disposition vise à garantir la commodité et la sécurité des transactions pour les passagers.

Exceptions

Il n'existe pas d'exceptions spécifiques concernant le refus de paiement par carte bancaire pour les taxis, sauf si le terminal de paiement est effectivement hors service. Dans ce cas, le chauffeur doit être en mesure de prouver que le terminal est défectueux.

EN RÉSUMÉ

Un chauffeur de taxi est légalement obligé d'accepter les paiements par carte bancaire, et le refus de ce moyen de paiement peut entraîner des sanctions financières. Si le terminal de paiement ne fonctionne pas, le chauffeur doit être en mesure de le justifier.

Vous voulez éviter de payer plus qu'il ne faut chez le boucher

Client : Je voudrais 500 g de viande hachée, s'il vous plaît.

Boucher : Ça fait 775 g, c'est bon pour vous ?

Client : Euh... oui, ça ira...

LA MASDAKISATION

Masdak : Face à la pression ou par timidité, il arrive que certains clients acceptent un surplus de viande qu'ils n'avaient pas demandé. Pourtant, vous avez parfaitement le droit de refuser tout excédent et de n'acheter que la quantité souhaitée.

CE QUE DIT LA LOI

Droit de refuser l'excédent

Un client a le droit de refuser tout excédent de poids proposé par le commerçant et **n'est pas obligé d'accepter une quantité supérieure à celle demandée.**

Conseil pratique

Pour éviter les situations gênantes ou les erreurs, il est préférable de **préciser un montant d'achat plutôt qu'un poids.** Par exemple, demander « Je voudrais pour 5 euros de viande hachée » plutôt que « 500 g de viande hachée ».

Protection du consommateur

Le commerçant est tenu de respecter la demande exacte du client et ne peut imposer une quantité supérieure. En cas de litige, le client peut invoquer les règles de protection des consommateurs.

Informations complémentaires

Droit de rétractation : si le client réalise immédiatement qu'il a accepté un surplus par erreur ou par pression, il peut demander au commerçant de rectifier la commande.

Pratiques commerciales déloyales : imposer une quantité plus importante sans accord explicite du client peut être considéré comme une vente forcée, une pratique commerciale déloyale réprimée par l'article R635-2 du Code pénal. Cette infraction est punie par une contravention de cinquième classe.

EN RÉSUMÉ

Vous n'êtes pas obligé d'accepter plus de produit que ce que vous avez commandé chez le commerçant. Exprimer votre demande en montant d'achat peut vous éviter les excédents non souhaités et vous protéger en cas de désaccord.

Vous souhaitez faire des économies lors de vos achats au supermarché

Client : Je cherche des boîtes de thon.

Vendeur : Celle-ci vaut 3,45 €. Je vous conseille de prendre le lot de 2 boîtes qui revient à 6,50 €.

Client : Merci. Je fais une économie de 40 centimes.

LA MASDAKISATION

Client : En fait, c'est faux. Il ne faut pas se fier au prix affiché pour le lot de 2 boîtes, mais toujours regarder le prix au kilo. Les promotions ne sont pas toujours de vraies promotions.

Vendeur : D'accord, je ne savais pas. Je ne donnerai plus ce conseil aux clients. Merci.

CE QUE DIT LA LOI

Affichage des prix au kilo

Selon l'arrêté du 16 novembre 1999 relatif à la publicité, à l'égard du consommateur, des prix de vente à l'unité de mesure de certains produits préemballés, **tous les produits alimentaires préemballés doivent afficher le prix à l'unité de mesure,** c'est-à-dire le prix au kilo ou au litre. Cela permet aux consommateurs de comparer facilement les prix et de faire des choix éclairés.

Comparaison des prix

Il est essentiel de comparer le prix au kilo des produits. Par exemple, un lot peut sembler moins cher à première vue, mais en réalité, il peut être plus coûteux au kilo que l'achat d'unités individuelles.

Règles concernant les promotions

Lorsqu'un professionnel propose une promotion, **il doit afficher clairement la réduction appliquée ainsi que le prix de référence,** c'est-à-dire le prix pratiqué pendant au moins 30 jours avant la réduction. Les promotions doivent être transparentes pour éviter toute confusion chez le consommateur.

Sanctions

En cas de non-respect des règles d'affichage des prix, notamment l'absence d'indication du prix au kilo, **le professionnel risque une amende pouvant aller jusqu'à 15 000 €** (article L131-5 du Code de la consommation).

EN RÉSUMÉ

Il est crucial de toujours vérifier le prix au kilo lors de vos achats pour vous assurer que vous faites de réelles économies. Les règles d'affichage des prix visent à protéger les consommateurs et à garantir la transparence des promotions.

Vous constatez une différence entre le prix affiché en rayon et le prix demandé à la caisse

Hôte de caisse : Cela fera 15,99 €.
Client : Non, c'est 9,99 € ! C'est ce qui était affiché en rayon.
Hôte de caisse : C'était une erreur d'étiquetage. Merci de payer ou j'appelle les agents de sécurité !

LA MASDAKISATION

Client : D'après la loi, vous êtes tenu de vendre le produit au prix le plus avantageux pour le client.
Hôte de caisse : C'est bon, c'est bon, je vous le fais à 9,99 €.

CE QUE DIT **LA LOI**

Obligation du vendeur

Le vendeur est tenu de respecter le prix affiché en rayon. En cas de différence entre le prix affiché et le prix en caisse, le consommateur est en droit d'exiger le prix le plus bas (circulaire du 19 juillet 1988)

À noter : si l'erreur de prix est intentionnelle, cela constitue une infraction grave. Vous pouvez poursuivre le magasin pour pratiques commerciales trompeuses (articles L121-2 à L121-5 du Code de la consommation). Cette infraction est passible de 2 ans de prison et d'une amende de 300 000 €.

Exception en cas d'erreur manifeste

Il existe une exception importante : **lorsque l'erreur d'affichage est manifeste,** c'est-à-dire qu'elle permet la vente d'un produit à un prix en trop grand décalage avec sa valeur réelle (par exemple, une console de jeu affichée à 5 € au lieu de 500 €), le magasin peut refuser la vente. Cette exception est basée sur la notion de bonne foi et d'erreur manifeste, comme précisée par la jurisprudence de la Cour de cassation (arrêt du 4 juillet 1995 93-16. 198) et l'article 1169 du Code civil.

Pour faire valoir vos droits

Preuve de l'affichage : il est conseillé de prendre une photo du prix affiché en rayon et de la présenter à la caisse. En cas de litige, cette preuve pourra être utile.

Informations complémentaires

Réclamation : si le magasin refuse de respecter le prix affiché, vous pouvez déposer une réclamation auprès de la direction du magasin ou saisir la Direction générale de la concurrence, de la consommation et de la répression des fraudes (DGCCRF).

Bonnes pratiques : les commerçants sont invités à vérifier régulièrement l'exactitude des prix affichés pour éviter ce type de litige.

EN RÉSUMÉ

Si le prix affiché en rayon est inférieur à celui en caisse, vous avez le droit de demander le prix le plus bas, sauf en cas d'erreur manifeste. En cas de refus, prenez une photo de l'étiquette et n'hésitez pas à déposer une réclamation auprès de la direction du magasin ou de la DGCCRF.

Vous goûtez dans un supermarché **un produit proposé en vrac**

Client : Quelle est la meilleure clémentine ?
Vendeur : Je n'en ai aucune idée.
Client : OK, alors je goûte.

LA MASDAKISATION

Vendeur : Goûter des produits en vrac est interdit. Vous n'avez pas encore acheté le produit, donc c'est assimilé à du vol. Vous risquez une peine d'emprisonnement et une amende.
Client : OK. Je ne savais pas. Je ne le referai plus.

CE QUE DIT **LA LOI**

Goûter des produits en vrac

En principe, **il est interdit de goûter un produit dans un magasin** à moins que le commerçant ne l'ait expressément proposé. Si vous goûtez un produit sans l'autorisation du vendeur, cela peut être considéré comme une « soustraction frauduleuse de la chose d'autrui ».

Qualification juridique

La soustraction frauduleuse de la chose d'autrui est définie dans le Code pénal et peut être assimilée à un vol. Cette infraction est passible de 3 ans d'emprisonnement et de 45 000 € d'amende (articles 311-1 et 311-3 du Code pénal). Même si l'intention n'est pas de s'approprier le produit, le fait de le consommer sans autorisation peut être interprété juridiquement comme un vol.

Exception

Si le commerçant propose explicitement un échantillon à goûter, cela constitue une exception. Le client peut alors goûter le produit sans craindre de commettre une infraction.

EN RÉSUMÉ

Goûter un produit en vrac sans l'autorisation du commerçant peut être considéré comme une soustraction frauduleuse de la chose d'autrui, avec des risques de sanctions pénales. Il est toujours recommandé de demander la permission avant de goûter un produit.

À la caisse d'un supermarché, un hôte de caisse vous demande d'ouvrir votre sac pour une fouille

Hôte de caisse : Merci d'ouvrir votre sac pour un contrôle.
Client : Non.
Hôte de caisse : Très bien, je n'encaisse pas vos achats.

LA MASDAKISATION

Client : D'après la loi, vous ne pouvez pas m'imposer un examen visuel ou une fouille de mon sac. Votre refus de m'encaisser s'apparente à un refus de vente sans motif légitime, ce qui est interdit.
Hôte de caisse : OK, je ne vous fouille pas et je vous encaisse.

CE QUE DIT **LA LOI**

Fouille de sac

Les hôtes de caisse ne peuvent pas imposer un examen visuel ou une fouille de vos bagages **sans votre consentement.** Les personnes exerçant l'activité mentionnée au 1° de l'article L611-1 du Code de la sécurité intérieure peuvent procéder à l'inspection visuelle de vos bagages et, avec votre accord, à leur fouille (article L613-2 du Code de la sécurité intérieure). En cas de refus de cette inspection, l'accès au magasin peut vous être refusé, mais nul ne peut vous contraindre à ouvrir vos effets personnels.
La notion de « bagages » exclut des objets comme les manteaux ou les poches de pantalon du contrôle visuel. Les agents de sécurité doivent être « reconnaissables » et porter au moins deux insignes indiquant leur affiliation à l'entreprise ou au service de sécurité.

Refus de vente

Le refus de vous encaisser **s'apparente à un refus de vente sans motif légitime,** ce qui est interdit par l'article L121-11 du Code de la consommation. Le refus de vente sans motif légitime est une pratique commerciale déloyale et peut être sanctionné.

Fouille et palpation

Concernant la fouille de vos bagages, **les agents de sécurité ne peuvent y procéder sans votre accord.** En cas de refus, ils doivent appeler un officier de police judiciaire pour intervenir. Les palpations de sécurité peuvent être effectuées par des agents habilités, uniquement en cas de circonstances particulières liées à des menaces graves pour la sécurité publique ou dans un périmètre de protection établi (article L613-2 du Code de la sécurité intérieure). Ces palpations doivent être réalisées avec votre consentement exprès et par des agents du même sexe.

Responsabilité du magasin

Si vous êtes contraint de déposer vos effets personnels auprès d'une caisse ou d'un agent de sécurité avant d'entrer dans le magasin et qu'ils sont volés, le magasin est responsable des objets déposés. Vous n'aurez qu'à prouver ce dépôt pour engager sa responsabilité, conformément aux articles 1927, 1928 et 1933 du Code civil.

Exclusions et exceptions

– **En cas de sécurité et de prévention des vols,** les agents de sécurité peuvent demander à vérifier le contenu de vos sacs, mais cela doit être fait avec votre consentement.
– **Les magasins ont le droit de protéger leurs biens,** mais cela doit se faire dans le respect des droits des clients.

EN RÉSUMÉ

Les hôtes de caisse ne peuvent ni obliger ni contraindre un client à montrer ses affaires. Seuls les agents habilités le peuvent et uniquement avec le consentement du propriétaire.

Vous demandez le remboursement d'un achat en magasin sans avoir de ticket de caisse

Client : Je souhaite me faire rembourser cet achat.
Vendeur : Bien sûr. Avez-vous le ticket de caisse ?
Client : Non. Je ne l'ai pas gardé.
Vendeur : Pas de ticket de caisse, pas de remboursement.

LA MASDAKISATION

Client : Toutes les entreprises gardent une copie du ticket de caisse pour leur comptabilité. Donc, vous pouvez le retrouver.
Vendeur : En effet, je l'ai retrouvé. Je vais vous rembourser.

CE QUE DIT **LA LOI**

En général, le remboursement d'un produit, lorsqu'il est possible, est conditionné à la présentation du ticket de caisse qui fait office de preuve d'achat. En l'absence de ce document, le vendeur n'est pas tenu légalement de rembourser l'article, sauf exception prévues par des politiques internes de certains commerçants. Cela respecte la réglementation relative à la vente au détail, où l'obligation de remboursement sans preuve d'achat est laissée à la discrétion du vendeur.
Rappel : contrairement aux achats en ligne, les achats effectués en magasin physique ne bénéficient pas d'un droit de rétractation automatique.

Conservation des tickets de caisse

Les commerçants doivent conserver les tickets de caisse à des fins comptables, conformément à l'article L123-22 du Code de commerce. Cette obligation comptable signifie qu'il est parfois possible pour le vendeur de retrouver le ticket de caisse correspondant à l'achat, en particulier si celui-ci est récent.

Politique commerciale et remboursement sans ticket

Certaines enseignes adoptent des politiques internes qui **autorisent le remboursement sans ticket,** bien que cela ne soit pas une obligation légale. En revanche, **cette politique varie selon les magasins** et leurs règles de remboursement affichées. Par ailleurs, si le client dispose d'une carte de fidélité, certains commerçants peuvent retrouver les informations d'achat associées pour faciliter la procédure.

Geste commercial

Lorsque le vendeur retrouve l'enregistrement de l'achat, que ce soit via le ticket ou la carte de fidélité, il peut choisir de procéder au remboursement comme un geste commercial, en fonction de ses politiques de service client.

EN RÉSUMÉ

En règle générale, le remboursement d'un achat sans ticket de caisse n'est pas obligatoire, car ce dernier constitue une preuve d'achat. Néanmoins, les commerçants peuvent parfois retrouver le ticket dans leurs archives comptables ou grâce à une carte de fidélité du client, et offrir le remboursement selon leurs politiques de retour.
Pour simplifier les démarches de remboursement, conservez toujours le ticket de caisse ou demandez un reçu lors de l'achat. Si vous avez une carte de fidélité, cela peut également aider le commerçant à retrouver votre achat en cas de perte du ticket.

Vous n'avez pas reçu votre colis qui est pourtant signalé comme livré

Consommateur : Mon colis est marqué livré, mais je n'ai rien reçu ! Je demande le remboursement de ma commande !

Vendeur : Il faut voir cela avec le livreur. En tant que vendeurs, nous ne sommes pas responsables.

LA MASDAKISATION

Consommateur : D'après la loi, vous êtes responsable du colis perdu à l'égard du client, peu importe la faute du transporteur. Je demande donc un remboursement immédiat !

Vendeur : Ok, ne vous énervez pas, je vous rembourse.

CE QUE DIT LA LOI

Responsabilité du vendeur

En cas de vol ou de perte de votre colis, **c'est au vendeur, et au vendeur seul qu'incombe la responsabilité légale de la bonne réception d'un colis** (article L221-15 du Code de la consommation). Le vendeur est tenu de vous livrer le produit commandé ou de vous rembourser en cas de non-réception. Toutefois, il peut se dégager de sa responsabilité en prouvant que l'inexécution ou la mauvaise exécution du contrat est due soit au consommateur, soit à un événement imprévisible et insurmontable, soit à un cas de force majeure.

Obligation de délivrance

Le vendeur a une obligation de délivrance conforme au contrat (article 1604 du Code civil). Cela signifie qu'il doit s'assurer que le produit arrive en bon état et à l'adresse indiquée.

Recours en cas de litige

Si le vendeur refuse de vous rembourser ou de vous renvoyer le produit, **vous pouvez le mettre en demeure par lettre recommandée avec accusé de réception.** En cas de non-réponse, vous pouvez saisir la Direction générale de la concurrence, de la consommation et de la répression des fraudes (DGCCRF) ou engager une procédure judiciaire.

Informations complémentaires

Preuves à conserver : gardez toutes les preuves de votre commande et de vos échanges avec le vendeur (emails, confirmations de commande, etc.).

Médiation et assistance : en cas de litige persistant, vous pouvez faire appel à un médiateur de la consommation ou à une association de consommateurs pour vous assister.

EN RÉSUMÉ

Le vendeur est responsable de la réception de votre colis, même si le transporteur est en cause. En cas de non-réception, vous avez le droit de demander un remboursement. N'oubliez pas de conserver toutes les preuves de votre commande pour faciliter vos démarches en cas de litige. Toutefois, le vendeur peut se libérer de sa responsabilité s'il prouve que l'inexécution de sa part est imputable au consommateur, à un tiers, ou à un cas de force majeure.

Vous vous faites livrer des colis à votre domicile pendant les fêtes

Ami 1 : Je vais me faire livrer chez moi tous les cadeaux pour les fêtes de fin d'année.

Ami 2 : Ne fais surtout pas cela. À cette période de l'année, je te conseille de te faire livrer en point Relais ou en main propre.

LA MASDAKISATION

Ami 1 : Toutes les boîtes aux lettres ont été ouvertes et mes cadeaux volés. J'aurais dû t'écouter.

Ami 2 : Oui, je t'avais prévenu. À cette époque de l'année, des personnes mal intentionnées se munissent de clés de facteur et ouvrent toutes les boîtes aux lettres pour voler les colis.

CONSEILS POUR UNE LIVRAISON SÉCURISÉE

Livraison à domicile

Optez pour la livraison contre signature : cette méthode garantit que votre colis est remis en main propre, ce qui réduit considérablement le risque de vol. Si vous êtes absent, le colis ne sera pas laissé sans surveillance.

Livraison en point relais

Privilégiez les livraisons en point Relais, surtout pendant les périodes de forte activité comme les fêtes de Noël. Ces lieux sont généralement surveillés et offrent une sécurité accrue pour vos colis.

Risques de vol

Attention aux vols via des clés de facteur : certaines personnes mal intentionnées peuvent utiliser des clés de facteur pour accéder aux boîtes aux lettres. Il est donc conseillé d'éviter les livraisons dans des lieux facilement accessibles sans surveillance.

Vols par les livreurs : bien que rares, des incidents de vol par des livreurs peuvent survenir, ce qui souligne l'importance d'opter pour des solutions plus sûres comme la remise contre signature.

Consignes automatiques

Utilisez des consignes automatiques accessibles 24 h/24 et 7 j/7 si disponibles. Ces dispositifs offrent une sécurité supplémentaire, à condition de s'assurer que les consignes sont bien protégées contre le vol ou les dégradations.

EN RÉSUMÉ

Pour sécuriser vos livraisons, notamment durant les fêtes de fin d'année, privilégiez les livraisons à domicile contre signature ou les points relais sécurisés. Ces options réduisent les risques de vol, particulièrement élevés en période de forte activité.

Le livreur Amazon vous demande un code de sécurité

Livreur : J'ai un colis pour vous, il me faut le code de sécurité à 6 chiffres.

Client : Le voici.

Livreur : Non, ce n'est pas le bon.

Client : Mais si, c'est celui du mail.

Livreur : Je réessaye... mais le code ne fonctionne pas. Il ne vous reste qu'un essai. Donc, contactez Amazon, et je reviendrai en fin de journée vous livrer.

LA MASDAKISATION

Client : Restez là ! Vous avez conservé mon code pour le saisir après et voler mon colis. Faites-le devant moi.

Livreur : Ok, ne vous inquiétez pas, je vous montre mon écran.

CONSEILS **ANTI-ARNAQUE**

Une nouvelle arnaque cible les livraisons de colis de valeur commandés sur Amazon. Lors de la livraison, le livreur demande au client un code à 6 chiffres fourni par Amazon pour valider la réception. En feignant des problèmes techniques, il prétend que le code ne fonctionne pas, mais le conserve pour l'utiliser plus tard et détourner le colis. Cette méthode permet au livreur de dérober facilement les articles

Précautions à prendre

- **Ne donnez jamais le code de sécurité** à un livreur sans avoir vérifié qu'il est bien employé par la société de livraison.
- **Demandez au livreur de saisir le code devant vous** pour éviter tout risque de fraude.

Informations complémentaires

Vérifiez toujours les informations de livraison et contactez le service client en cas de doute. **Conservez toutes les preuves** (emails, captures d'écran) en cas de litige avec le livreur ou le service client.

EN RÉSUMÉ

Ne donnez jamais le code de sécurité sans précaution : assurez-vous que le livreur saisit le code devant vous pour garantir la réception du colis en toute sécurité.

Vos chaussures achetées il y a un an sont déchirées

Client : J'ai acheté ces chaussures chez vous il y a un an et elles se sont déchirées. Il y a un défaut de fabrication, j'aimerais un échange !

Vendeur : Ce n'est pas possible, vous avez dépassé le délai de retour.

LA MASDAKISATION

Client : La loi protège le consommateur contre tous les défauts de fabrication liés au produit pendant 2 ans !

Vendeur : Vous avez raison. Je procède à l'échange.

CE QUE DIT LA LOI

La garantie légale de conformité est une protection offerte par la loi à l'acheteur. Elle impose au vendeur l'obligation de livrer un produit conforme à ce qui a été convenu. Si le produit présente un défaut de conformité, l'acheteur peut demander la réparation ou le remplacement, sans frais. Si ces options ne sont pas possibles, il peut demander une réduction du prix ou la résolution de la vente.

Biens concernés et durée

La garantie s'applique à tous les biens, qu'ils soient neufs ou d'occasion, ainsi qu'aux biens et services numériques. Elle est de 2 ans.

Présomption d'antériorité

Pour un produit neuf, la garantie légale de conformité dure 2 ans, sans besoin de prouver que le défaut existait à l'achat. **Pour un bien d'occasion,** cette présomption s'applique sur 12 mois, au-delà desquels il faut prouver le défaut (article L217-7 du Code de la consommation).

Défauts couverts

Bien impropre à l'usage habituellement attendu.
Bien ne correspondant pas à la description.
Bien ne possédant pas les qualités annoncées.
Défauts de fabrication, imperfections, mauvais assemblage, installation incorrecte (articles L217-4 et suivants du Code de la consommation).

Exclusions et exceptions

La garantie ne s'applique pas **si vous aviez connaissance du défaut au moment de l'achat** ou si le défaut résulte de matériaux fournis par vous.

Informations complémentaires

Le vendeur est tenu de respecter cette garantie légale, qui est **obligatoire et distincte de la garantie commerciale.** Lorsque vous lisez « garanti 2 ans » sur un produit, il s'agit souvent d'une garantie commerciale, et non de la garantie légale.

EN RÉSUMÉ

Vous êtes protégé par la garantie légale de conformité pendant 2 ans après l'achat. En cas de défaut de fabrication, vous pouvez demander un échange ou un remboursement, à condition de respecter les défauts couverts.

Vous rapportez en boutique un article qui ne vous plaît plus

Client : Je viens vous rendre mon achat, car il ne me plaît plus.

Vendeur : Désolé, mais on ne reprend pas les articles.

Client : J'ai 14 jours pour changer d'avis. Je suis dans le temps légal du délai de rétractation. Donc, vous pouvez reprendre mon article.

LA MASDAKISATION

Vendeur : Vous faites erreur, le délai de rétractation concerne les achats par internet, par téléphone ou par voie postale, mais absolument pas quand vous achetez en magasin, mais à titre exceptionnel je vous rembourse.

Client : OK. Merci beaucoup.

CE QUE DIT LA LOI

Droit de rétractation

Selon l'article L221-18 du Code de la consommation, **le consommateur dispose d'un délai de 14 jours** pour exercer son droit de rétractation à partir de la réception d'un bien ou de l'acceptation d'une prestation de service, **lors d'achats effectués à distance** (internet, téléphone, etc.). Ce droit permet de changer d'avis et d'obtenir un remboursement.

Exceptions au droit de rétractation

Pour les achats effectués en magasin, le droit de rétractation ne s'applique pas, sauf si le commerçant propose une politique de retour ou d'échange de sa propre initiative. Cette possibilité dépend des conditions commerciales du vendeur et n'est pas une obligation légale.

Cas spécifiques

En cas d'achat avec un crédit à la consommation, le consommateur peut exercer un droit de rétractation sur le contrat de crédit, annulant ainsi la vente, mais cela concerne uniquement le contrat de financement, pas le retour du produit en magasin.

EN RÉSUMÉ

Le droit de rétractation ne s'applique pas aux achats en magasin. Le vendeur est donc en droit de refuser la reprise d'un article, sauf si une politique de retour spécifique est proposée par l'enseigne., ce qui arrive souvent.

Vous voulez vous débarrasser d'un meuble encombrant auprès d'un magasin de meubles

Client : Je vous ramène ce meuble encombrant usagé. Merci de m'en débarrasser.

Vendeur : Nous ne reprenons pas les meubles, ce n'est pas dans notre politique.

LA MASDAKISATION

Client : La loi AGEC oblige les enseignes de plus de 1 000 m² à proposer une solution de reprise des meubles usagés et sans contrepartie.

Vendeur : D'accord, je vous reprends le meuble.

CE QUE DIT **LA LOI**

Obligation de reprise des meubles usagés

Depuis l'entrée en vigueur en janvier 2022 de la loi AGEC (Anti Gaspillage pour une Économie Circulaire), les magasins de meubles sont tenus de reprendre gratuitement vos anciens meubles sous certaines conditions :

- **Reprise « 1 pour 1 » :** pour les enseignes de 200 à 1 000 m², l'achat d'un meuble neuf permet la reprise gratuite d'un meuble usagé équivalent, que ce soit en magasin, en point de collecte ou lors de la livraison.
- **Reprise « 1 pour 0 » :** les grandes enseignes (plus de 1 000 m²) acceptent sans achat préalable des meubles usagés, à condition qu'ils soient similaires à ceux qu'elles vendent (article L541-10-8 du Code de l'environnement).

Sanctions

Si un magasin ne respecte pas cette obligation, il peut être soumis à des **sanctions administratives et des amendes.**

Exceptions

Les obligations de reprise varient selon la taille et la nature du commerce. Les magasins de moins de 200 m² ne sont pas tenus de reprendre les meubles, mais peuvent le faire volontairement. Ceux de plus de 1 000 m² doivent récupérer gratuitement les meubles usagés sans condition d'achat. Les enseignes en ligne dépassant 100 000 € de chiffre d'affaires annuel doivent également proposer une reprise gratuite pour tout achat d'un produit équivalent (articles R541-158 à R541-166 du Code de l'environnement).

EN RÉSUMÉ

La loi AGEC oblige les magasins de meubles à reprendre gratuitement les produits usagés, sous certaines conditions, selon leur taille et le type d'achat. Les grandes enseignes doivent reprendre sans contrepartie, tandis que les plus petites le font souvent en échange d'un achat équivalent. Les magasins en ligne doivent également proposer cette reprise gratuite dans certains cas.

Vous êtes mécontent de la coupe de cheveux réalisée par votre coiffeur

Client : Vous avez raté ma coupe de cheveux. Ce n'est pas ce que je voulais. Merci de me rembourser.

Coiffeur : Impossible.

LA MASDAKISATION

Client : D'après la loi, vous êtes tenu à une obligation de résultat, vous devez donc me rembourser !

LA REMASDAKISATION

Coiffeur : D'après la loi, je suis tenu par une obligation de moyens et non de résultat. C'est-à-dire que je dois répondre à votre demande du mieux possible, mais sans en garantir le résultat.

Client : C'est bon, c'est bon, je n'ai rien demandé.

CE QUE DIT **LA LOI**

Obligation de moyens

Le coiffeur est soumis à une obligation de moyens, pas de résultat. Cela signifie qu'il doit utiliser toutes ses compétences et son savoir-faire pour réaliser la coupe demandée, mais **il ne garantit pas que le résultat sera conforme aux attentes du client**). L'insatisfaction du client ne constitue pas nécessairement une faute de la part du coiffeur.

Engagement de la responsabilité contractuelle

Pour engager la responsabilité contractuelle du coiffeur, **le client doit prouver trois éléments :** la faute du professionnel, le préjudice subi, le lien de causalité entre la faute et le préjudice.

Preuve du préjudice

Apporter la preuve d'un préjudice esthétique peut être complexe. Il peut être utile de **fournir des photos avant et après la coupe,** ainsi que des témoignages de tiers. En cas de préjudice significatif, une expertise peut s'avérer nécessaire pour évaluer les dommages.

Recours en cas de litige

En cas de litige persistant, **le client peut saisir le tribunal judiciaire compétent.** Il est également possible de faire appel à une médiation pour tenter de trouver un accord amiable.

Informations complémentaires

Assurance protection juridique : le client peut activer la « garantie protection juridique » de son contrat d'assurance multirisque habitation, si cette option a été souscrite. Cette garantie peut couvrir les frais d'expertise, d'avocat et de procédure.

Responsabilité des produits défectueux : si le préjudice est dû à un produit utilisé par le coiffeur, le client peut engager la responsabilité du fabricant du produit.

EN RÉSUMÉ

Le coiffeur a une obligation de moyens et non de résultat. Pour obtenir réparation en cas de mécontentement, le client doit prouver une faute, un préjudice et un lien de causalité. Des recours juridiques existent, et l'activation d'une assurance protection juridique peut faciliter le processus.

Vous souhaitez que l'on vous rembourse un acompte

Client : J'annule ma réservation. Pouvez-vous me rendre mon acompte ?

Vendeur : Pas de souci, c'est annulé.

Client : Et mon acompte ? Pouvez-vous me le restituer ?

LA MASDAKISATION

Vendeur : Vous savez, un acompte implique un engagement ferme et définitif et par conséquent n'est pas remboursable.

Client : Je ne savais pas, mais je comprends. Tant pis pour moi.

Vendeur : Mais je ne vous demande que l'acompte. Légalement, vous êtes tenu de payer aussi le solde.

Client : Merci beaucoup. C'est un moindre mal.

CE QUE DIT **LA LOI**

Acompte

Un acompte est un premier versement sur le prix total d'un bien ou d'une prestation, **qui engage définitivement les deux parties à exécuter le contrat.** En cas d'annulation par l'acheteur, celui-ci perd l'acompte et reste tenu de payer le solde. Si c'est le vendeur qui annule, il doit rembourser l'acompte et peut être condamné à verser des dommages-intérêts pour le préjudice subi par l'acheteur.

Arrhes

Les arrhes permettent à l'acheteur ou au vendeur de se désengager du contrat. Si l'acheteur annule, il perd uniquement les arrhes. Si c'est le vendeur qui annule, il doit rembourser le double des arrhes versées (article 1590 du Code civil). S'il n'est pas mentionné dans le contrat que votre versement est un acompte, il est donc présumé être des arrhes.

Recours en cas de refus de remboursement

En cas de refus de remboursement, il est conseillé d'envoyer **une mise en demeure par lettre recommandée avec accusé de réception.** Si le vendeur ne répond pas favorablement, vous pouvez saisir la justice via une procédure d'injonction de payer.

EN RÉSUMÉ

Un acompte engage définitivement les deux parties, tandis que les arrhes permettent d'annuler la commande avec perte pour l'acheteur. Si le vendeur annule, il doit rembourser le double des arrhes ou l'acompte. Il vaut donc mieux pour le consommateur verser des arrhes que des acomptes.

Vous demandez une carafe d'eau gratuite au restaurant

Client : Avec mon repas, je voudrais une carafe d'eau s'il vous plaît.

Restaurateur : Désolé, mais on ne sert pas de carafe d'eau.

LA MASDAKISATION

Client : Vous êtes tenu de proposer gratuitement une carafe d'eau à vos clients. Le prix du repas comporte obligatoirement le couvert, à savoir le pain, l'eau ordinaire, les épices ou ingrédients, la vaisselle, verrerie, serviettes, etc. Depuis le 1er janvier 2022, vous devez indiquer de manière visible sur votre carte ou sur un espace d'affichage la possibilité pour les consommateurs de demander de l'eau potable gratuite.

Restaurateur : Je ne savais pas, voici la carafe d'eau alors.

CE QUE DIT **LA LOI**

Obligation de fournir une carafe d'eau gratuite

Depuis le 1er janvier 2022, les établissements de restauration et débits de boissons sont tenus d'indiquer de manière visible sur leur carte ou sur un espace d'affichage la possibilité pour les consommateurs de demander de l'eau potable gratuite (article L541-15-10 du Code de l'environnement). Le prix du repas comporte obligatoirement le couvert, à savoir le pain, l'eau ordinaire, les épices ou ingrédients, la vaisselle, verrerie, serviettes, etc. (arrêté du 8 juin 1967).

Application pratique

Affichage obligatoire : les restaurateurs doivent informer leurs clients de la possibilité de demander de l'eau potable gratuite, soit par un affichage visible sur la carte, soit sur un espace d'affichage dédié.

Service de l'eau : l'eau doit être servie fraîche ou tempérée, selon la demande du client.

Réclamation

En cas de litige avec un restaurateur, il est conseillé de faire une réclamation directement auprès de celui-ci. Si aucune solution amiable n'est trouvée, vous pouvez faire un signalement à la DGCCRF via le site SignalConso. Votre signalement est envoyé à l'entreprise concernée et visible par les agents de la DGCCRF.

EN RÉSUMÉ

Depuis le 1er janvier 2022, les restaurants doivent proposer gratuitement une carafe d'eau à leurs clients. Cette obligation doit être affichée clairement, et le prix du repas inclut le couvert, ainsi que l'eau.

Le loueur de matériel de skis vous propose une assurance casse et vol

Client : Je viens pour louer du matériel de ski.

Loueur : Cela fera 350 euros avec l'assurance casse et vol du matériel.

Client : Je vais payer avec une carte Visa Premier.

Loueur : Et alors ?

LA MASDAKISATION

Client : Cette carte inclut la garantie neige et montagne qui me couvre, entre autres, contre la casse et le vol du matériel.

Loueur : D'accord, je vous enlève l'assurance.

CONSEILS

Les cartes bancaires Premium, telles que Visa Premier, Gold Mastercard, Visa Infinite ou Mastercard World Elite, **incluent généralement des garanties neige et montagne.** Ces garanties couvrent divers risques liés aux activités de montagne, y compris la casse et le vol du matériel de ski. Ces garanties s'appliquent non seulement au porteur de la carte, mais également à son conjoint et à ses enfants.

Application pratique

Vérification des garanties : avant de souscrire une assurance supplémentaire proposée par un loueur de matériel, il est important de vérifier les garanties déjà incluses dans votre contrat de carte bancaire. Cela peut vous éviter des dépenses inutiles.

Utilisation de la carte : pour bénéficier des garanties, il est souvent nécessaire d'avoir utilisé la carte pour payer les services ou les biens concernés, comme la location de matériel de ski.

Informations complémentaires

Étendue des garanties : les garanties neige et montagne des cartes bancaires premium peuvent également inclure d'autres protections, telles que le remboursement des forfaits de remontées mécaniques non utilisés, les cours de ski, les frais médicaux, et même le rapatriement en cas d'accident.

Conditions spécifiques : il est crucial de lire attentivement les conditions générales de votre contrat de carte bancaire pour comprendre les exclusions et les limites de couverture.

EN RÉSUMÉ

Les cartes bancaires Premium incluent des garanties neige et montagne couvrant la casse et le vol du matériel de ski. Vérifiez donc vos garanties avant de payer une assurance supplémentaire. Il serait dommage de vous assurer deux fois.

Vous souhaitez résilier votre abonnement souscrit en ligne

Consommateur : J'aimerais résilier mon abonnement que j'avais souscrit en deux clics sur internet.

Opérateur : Bien sûr, veuillez adresser un courrier recommandé au siège avec accusé de réception et respecter un délai de 2 mois de préavis.

LA MASDAKISATION

Consommateur Depuis le 1er juin 2023, vous devez offrir au consommateur une fonctionnalité gratuite lui permettant de résilier son contrat en ligne.

Opérateur : C'est bon, vous avez raison, c'est résilié.

CE QUE DIT **LA LOI**

Depuis le 1er juin 2023, **les professionnels doivent offrir aux consommateurs une fonctionnalité gratuite permettant de résilier leur contrat en ligne.** Cette obligation s'applique à tous les contrats pouvant être conclus en ligne (article L215-1-1 du 16 août 2002 du Code de la consommation). La fonctionnalité de résiliation doit être directement et facilement accessible à partir de l'interface en ligne depuis laquelle le consommateur peut conclure des contrats par voie électronique.

La fonctionnalité doit permettre d'accomplir, par voie électronique, la notification et les démarches nécessaires à la résiliation du contrat. Le professionnel doit confirmer la réception de la notification de résiliation et informer le consommateur, sur un support durable et dans des délais raisonnables, de la date à laquelle le contrat prend fin et des effets de la résiliation.

La résiliation en ligne ne remet pas en question les termes du contrat. Elle facilite seulement les démarches de résiliation. Le consommateur doit respecter les conditions de résiliation prévues dans le contrat, telles que le délai de préavis ou les éventuelles indemnités de rupture.

Informations complémentaires

Si le professionnel refuse de mettre à disposition la fonctionnalité de résiliation en ligne, **le consommateur peut saisir la DGCCRF** (Direction générale de la concurrence, de la consommation et de la répression des fraudes) **pour faire valoir ses droits.**

EN RÉSUMÉ

Depuis le 1er juin 2023, si le professionnel propose la souscription de contrats en ligne, vous pouvez également résilier votre abonnement directement en ligne, sans avoir à envoyer de courrier recommandé. Toutefois, la résiliation en ligne n'affecte pas les termes du contrat. Vérifiez si cette option est disponible et n'hésitez pas à rappeler cette obligation au professionnel.

Vous résiliez un abonnement après la fin de la période d'engagement

Consommateur : Ma période d'engagement est terminée depuis plus de 6 mois et vous me prélevez toujours mon abonnement.

Fournisseur : C'est normal. Il aurait fallu résilier à la fin de la période d'engagement. Le contrat a donc été reconduit automatiquement.

LA MASDAKISATION

Consommateur : Pas du tout. La loi impose aux professionnels l'obligation d'informer le consommateur au moins 1 mois à l'avance de l'échéance à venir et de sa possibilité de s'opposer à la reconduction du contrat.

Fournisseur : D'accord. Je vous rembourse.

CE QUE DIT **LA LOI**

Obligation d'information

L'article L215-1 du Code de la consommation **impose aux professionnels d'informer le consommateur** de la reconduction automatique de son contrat **au moins un mois avant la fin de la période d'engagement.** Cette notification permet au consommateur de décider s'il souhaite poursuivre ou mettre fin au contrat. Si cette information n'est pas fournie, le consommateur peut résilier le contrat sans frais.

Recours en cas de non-respect de cette obligation

Si vous n'avez pas été informé de la reconduction de votre contrat, vous pouvez **demander le remboursement des sommes prélevées après la fin de votre période d'engagement.** Il est conseillé d'envoyer une lettre recommandée avec accusé de réception au professionnel (par exemple, une salle de sport) pour exiger ce remboursement.

EN RÉSUMÉ

Si vous n'avez pas été informé de la reconduction de votre contrat avant la fin de la période d'engagement, vous avez le droit de résilier sans frais et de demander le remboursement des prélèvements effectués après cette période.

Vous avez été victime d'un vol dans le vestiaire de la salle de sport

Client : Mon casier a été fracturé et mes affaires ont été volées. J'exige un remboursement.

Gérant : Impossible, lisez l'affiche à l'entrée : « L'établissement décline toute responsabilité en cas de vol. »

LA MASDAKISATION

Client : Cette affiche n'a aucune valeur juridique et cela a été jugé abusif par les tribunaux. De plus, les salles de sport doivent mettre en œuvre tous les moyens utiles afin d'assurer la sécurité de leurs adhérents et de leurs biens personnels.

Gérant : C'est bon, vous avez raison, je vous rembourse.

CE QUE DIT **LA LOI**

Responsabilité contractuelle de la salle de sport

Vous pourrez engager la responsabilité de la salle de sport **en actionnant sa responsabilité contractuelle** au sens des dispositions de l'article 1231-1 du Code civil. Cet article dispose que le débiteur est tenu de réparer les conséquences de l'inexécution de son obligation.

Affiches déclinant la responsabilité

Les affiches déclinant toute responsabilité en cas de vol **n'ont aucune valeur juridique.** En effet, les clauses limitant ou excluant la responsabilité du professionnel sont souvent considérées comme abusives et donc nulles.

Obligation de surveillance

Les salles de sport ont **l'obligation de surveiller les biens qui leur sont confiés.** Cette obligation découle de la relation contractuelle entre le client et la salle de sport.

Démarches préalables

Pour engager la responsabilité de la salle de sport, certaines démarches préalables doivent être réalisées.

- **Dépôt de plainte** auprès des autorités compétentes (commissariat de police ou gendarmerie).
- **Obtention d'un procès-verbal** constatant le vol.

Informations complémentaires

Recours en cas de litige : si la salle de sport refuse de vous rembourser, vous pouvez saisir le médiateur de la consommation ou le conciliateur de justice. En dernier recours, vous pouvez porter l'affaire devant le tribunal compétent.

Assurance : vérifiez si votre assurance habitation couvre ce type de vol. Certaines polices d'assurance incluent une garantie contre le vol hors domicile, qui pourrait vous permettre d'obtenir une indemnisation.

EN RÉSUMÉ

En cas de vol dans un vestiaire de salle de sport, la responsabilité de l'établissement peut être engagée, même si des affiches déclinent cette responsabilité. N'hésitez pas à déposer plainte et à consulter votre assurance pour maximiser vos chances d'indemnisation.

Vous apportez à manger lors d'une séance de cinéma

Agent du cinéma : Salle 6, mais attendez, qu'avez-vous dans votre sac ?
Spectateur : Des bonbons.
Agent du cinéma : La nourriture extérieure est interdite dans les salles de cinéma.

LA MASDAKISATION

Spectateur : Rappelez-moi l'activité principale du cinéma !
Agent du cinéma : La projection de films.
Spectateur : Donc, du point de vue de la loi, rien n'interdit aux spectateurs de ramener quelque chose qui ne fait pas concurrence à l'activité principale du cinéma. Et de plus, cela ne perturbera pas les autres spectateurs dans la salle.

La loi française ne prohibe pas explicitement l'apport de nourriture extérieure dans les cinémas. Toutefois, **chaque établissement peut établir un règlement intérieur,** souvent destiné à préserver les ventes de confiseries et boissons proposées sur place. Cette règle n'a pas de caractère légal strict, mais elle peut être appliquée de manière interne par les cinémas.

Droit de propriété des exploitants

Les exploitants de cinéma sont libres de fixer les conditions d'accès à leur établissement, y compris l'interdiction de nourriture extérieure. En cas de non-respect de cette règle, ils sont en droit de demander au spectateur concerné de quitter les lieux ou de consigner ses effets à l'entrée.

Inspections et limites légales

Les agents de sécurité des cinémas n'ont pas le droit de fouiller les effets personnels des spectateurs y compris les sacs, cette action étant strictement réservée aux officiers de police judiciaire (OPJ) dans des cas spécifiques prévus par la loi. Une inspection visuelle de sacs ou d'effets, surtout en cas de suspicion que des spectateurs tentent d'introduire de la nourriture dissimulée dans un sac, peut être proposée, mais **elle doit être réalisée avec le consentement explicite de l'individu.** Si un spectateur refuse cette inspection, le cinéma peut légitimement lui refuser l'accès à la salle.
En l'absence de consentement pour l'inspection visuelle, le cinéma est en droit de refuser l'accès à son établissement. Cette mesure vise à garantir le respect de son règlement intérieur tout en restant dans les limites légales.

Perturbation des autres spectateurs

Bien que l'apport de nourriture puisse sembler inoffensif, les exploitants peuvent **invoquer des raisons de confort, d'hygiène ou de propreté** pour interdire la nourriture extérieure, sans avoir besoin de prouver une quelconque perturbation de l'expérience des autres spectateurs.

EN RÉSUMÉ

En France, il n'existe pas de loi interdisant formellement l'apport de nourriture extérieure dans les cinémas, mais les exploitants peuvent le restreindre à travers leur règlement intérieur. Les agents de sécurité peuvent proposer une inspection visuelle des effets personnels, mais celle-ci requiert le consentement de l'individu. En l'absence de consentement, le cinéma peut refuser l'accès.

LOGEMENT

FINI LES LITIGES ⚡ FINI LES ARNAQUES

Quels sont les droits et les devoirs des propriétaires et des locataires ? Que peut exiger votre bailleur ? Est-il en droit d'augmenter comme bon lui semble votre loyer ? Masdak répond à toutes ces questions.

Vous voulez changer d'assurance emprunteur

Client : Je veux acheter ma résidence principale et souhaiterais un prêt.

Banquier : Pas de problème. Comme vous le savez, il y a une assurance emprunteur obligatoire sinon nous n'accordons pas le prêt.

Client : Ok, mais cela fait beaucoup d'argent.

Banquier : Oui, mais c'est obligatoire.

LA MASDAKISATION

Quelques jours plus tard, une fois le prêt signé.

Client : Je viens résilier mon assurance emprunteur. J'en ai trouvé une avec les mêmes garanties et moins cher.

Banquier : Je comprends, je résilie votre contrat.

CE QUE DIT **LA LOI**

Droit de changement d'assurance emprunteur

Depuis le 1er septembre 2022, **la loi Lemoine permet aux emprunteurs de changer leur assurance de prêt à tout moment, sans frais.** C'est une avancée significative pour les emprunteurs, leur offrant plus de flexibilité et la possibilité de réaliser des économies sur le coût de leur assurance.

Conditions de résiliation

– Pour changer d'assurance, l'emprunteur doit faire la demande à son assureur **par courrier, déclaration au siège, acte extrajudiciaire, moyen de communication utilisé pour souscrire, ou tout autre moyen prévu au contrat** (article L.113-14 du Code des assurances).

– Il doit également **présenter un nouveau contrat d'assurance** qui offre des garanties au moins équivalentes à celles de l'ancien contrat.

– Si **le prêteur** refuse le nouveau contrat, il **doit justifier son refus par un motif légitime,** tel que la non-équivalence des garanties.

Délai de réponse de la banque

– **La banque dispose d'un délai de 10 jours** pour répondre à la demande de substitution de contrat d'assurance emprunteur.

– En cas d'acceptation, **la résiliation de l'ancien contrat prend effet 10 jours après la réception** par l'assureur de la décision du prêteur ou à la date d'effet du contrat accepté en substitution.

Historique législatif

Cette possibilité de changement à tout moment s'inscrit dans un cadre législatif plus large qui a progressivement libéralisé le marché de l'assurance emprunteur, notamment avec **la loi Lagarde de 2010 et l'amendement Bourquin de 2018,** qui permettaient déjà des changements sous certaines conditions.

EN RÉSUMÉ

Depuis le 1er septembre 2022, vous avez la possibilité de changer d'assurance emprunteur à tout moment, ce qui vous permet de rechercher des offres plus avantageuses. Il est crucial de respecter les conditions de résiliation et de fournir un contrat d'assurance équivalent pour que le changement soit accepté par votre prêteur.

Vous souhaitez être indemnisé par l'assurance après une catastrophe naturelle

Ami 1 : C'est la tempête. Mon toit vient d'éclater, il y a des travaux énormes à faire.

Ami 2 : Ne t'inquiète pas. L'assurance va prendre en charge les réparations.

LA MASDAKISATION

Ami 2 : Ton contrat d'assurance habitation contient obligatoirement une « garantie tempête » qui couvre tous les dégâts causés par le vent. Alors, prends des photos des dégâts et de tous les biens endommagés et contacte ton assurance.

Ami 1 : Ah, je suis rassuré. Je vais tout de suite m'en occuper.

CE QUE DIT LA LOI

Assurance habitation et garantie tempête

En France, **votre contrat d'assurance habitation doit inclure une garantie tempête,** couvrant les dommages causés par le vent sur votre logement. Cette garantie est indispensable pour être indemnisée en cas de sinistre climatique.

Étapes pour l'indemnisation

1-Prendre des photos des dégâts : elles serviront de preuve pour votre déclaration.

2-Rassembler les preuves des biens endommagés : factures, photographies, ou tout autre document prouvant la valeur des biens touchés.

3-Déclarer le sinistre à votre assureur : vous devez le faire dans les 5 jours suivant la tempête.

4-Conserver les factures de réparation : si vous effectuez des réparations, gardez les factures pour une éventuelle prise en charge.

Délai d'indemnisation

En général, **le délai est compris entre 10 et 30 jours** après la déclaration, selon les termes de votre contrat.

Points à vérifier

Si votre contrat ne couvre pas explicitement les tempêtes ou si vous avez des doutes sur vos garanties, consultez les conditions générales ou contactez directement votre assureur.

Enfin, sachez que **l'indemnisation ne couvre que les biens mentionnés dans votre contrat.** Les frais indirects, tels que les pertes de jouissance ou les frais de relogement, ne sont généralement pas couverts sauf si votre contrat le précise.

EN RÉSUMÉ

Si votre logement est endommagé par une tempête, vous êtes couvert par la garantie tempête de votre assurance habitation. Prenez des photos, rassemblez les justificatifs, et déclarez rapidement le sinistre pour obtenir une indemnisation dans les délais spécifiés par votre contrat.

Vous voulez investir en nue-propriété

Client : Bonjour, j'aimerais investir dans l'immobilier en nue-propriété. C'est-à-dire que je souhaite temporairement céder l'usage du bien à un bailleur social.

Agent immobilier : Vous souhaitez donc un démembrement du bien.

LA MASDAKISATION

Client : Tout à fait. Je ne recevrai aucun loyer pendant la période du prêt et je ne supporterai aucune charge ni imposition.

Agent immobilier : Très intéressant et à l'issue de cette période, vous deviendrez pleinement propriétaire d'un bien qui aura pris de la valeur et vous aurez profité d'une fiscalité avantageuse. Je vous fais donc une décote de 40 % sur le prix d'achat.

CE QUE DIT LA LOI

Démembrement de propriété

L'achat en nue-propriété, encore méconnu, offre la possibilité d'acquérir un bien à un prix attractif. Ce dispositif s'applique aux logements neufs en construction ou aux biens réhabilités non meublés. **L'investissement en nue-propriété implique de diviser les droits d'un bien immobilier entre un usufruitier et un nu-propriétaire.** La nue-propriété désigne le droit de posséder un bien sans en percevoir les revenus, tandis que l'usufruit est le droit d'utiliser ce bien et d'en percevoir les revenus sans en être propriétaire. En tant que nu-propriétaire, vous cédez l'usage du bien à un bailleur social ou institutionnel et ne percevez pas de loyers pendant cette période.

Avantages

Prix réduit : vous achetez un bien à un prix inférieur, avec une décote allant de 25 % à 40 %.

Pas de charges : vous n'êtes pas responsable des frais d'entretien ni de la taxe foncière pendant la nue-propriété.

Pleine propriété à terme : à la fin de la période (15-20 ans), vous récupérez un bien qui a potentiellement pris de la valeur.

Avantages fiscaux : les droits de donation se calculent sur la valeur de la nue-propriété, réduisant ainsi le montant à payer. De plus, le bien n'est pas pris en compte pour l'impôt sur la fortune immobilière (IFI).

EN RÉSUMÉ

La nue-propriété peut constituer une option intéressante pour acquérir un bien immobilier à prix attractif tout en évitant les charges et la gestion locative. Toutefois, il est important de bien se renseigner en fonction de vos objectifs avant de vous engager.

Vous pouvez accélérer votre demande de logement social

Ami 1 : Cela fait 6 ans que je demande un logement social et je n'ai jamais de réponse. Je dors dans un foyer d'accueil et je suis dans une situation précaire.

Ami 2 : Tu vas t'en sortir.

LA MASDAKISATION

Ami 2 : Le droit au logement est un droit fondamental à valeur constitutionnelle. Si le délai pour l'attribution de ton logement est anormalement long par rapport aux délais légaux, tu peux saisir la commission de médiation et remplir le dossier DALO.

Ami 1 : Tu me sauves vraiment, là. Merci beaucoup !

CE QUE DIT **LA LOI**

Droit au logement opposable (DALO)

Le DALO, mis en place par la loi n° 2007-290 du 5 mars 2007, **garantit un droit au logement pour les personnes qui ne parviennent pas à accéder à un logement décent par leurs propres moyens.** Ce droit a été reconnu comme un droit fondamental par le Conseil constitutionnel dans une décision du 19 janvier 1995.

Conditions d'éligibilité

Pour bénéficier du DALO, vous devez remplir plusieurs conditions :

- Être français ou avoir un titre de séjour valide.

- Ne pas pouvoir accéder à un logement décent par vos propres moyens et remplir les conditions de revenus pour un logement social.

- Avoir fait une demande de logement social (HLM) sans réponse dans un délai anormalement long.

Procédure à suivre

La démarche consiste à déposer un dossier DALO auprès de la commission de médiation de votre département. **La commission dispose de 3 mois** pour examiner votre demande. Si vous êtes reconnu prioritaire, le préfet est tenu de vous proposer un logement dans les 6 mois suivant cette décision.

Recours en cas de non-attribution

Si aucun logement ne vous est proposé dans ce délai, **vous pouvez saisir le tribunal administratif** pour faire valoir votre droit au logement. Vous disposez alors de 4 mois pour déposer ce recours.

EN RÉSUMÉ

Le DALO vous permet de faire valoir votre droit à un logement décent si votre demande de logement social reste sans réponse pendant un temps jugé excessif. Cette procédure vous offre un recours pour obtenir une solution rapide de la part des autorités compétentes.

Vous êtes locataire et vous avez un chien

Locataire : Voici, Masdog, mon chien.

Propriétaire : C'est inadmissible. Aucun chien n'est autorisé dans mon logement.

LA MASDAKISATION

Locataire : J'ai le droit d'avoir un ou plusieurs animaux domestiques dans mon logement. Mon animal respecte la tranquillité du voisinage.

Propriétaire : Oui, mais votre chien ressemble à un pitbull.

Locataire : Oui, tout à fait.

LA REMASDAKISATION

Propriétaire : La même loi qui vous autorise à avoir un chien interdit la détention de chiens dangereux de première catégorie et c'est même une clause que j'ai inscrite dans le bail.

Locataire : C'est bon, c'est bon, je fais mes valises.

CE QUE DIT **LA LOI**

D'après l'article 10 de la loi du 9 juillet 1970, **le locataire a le droit de posséder un ou plusieurs animaux domestiques dans son logement,** à condition que ces animaux ne causent pas de dégâts à l'immeuble ni de troubles de jouissance aux autres occupants. Cependant, **cette disposition ne s'applique pas aux chiens de première catégorie,** tels que les pitbulls, pour lesquels le propriétaire peut légalement interdire leur détention dans le bail.

Points clés

Droit de posséder des animaux domestiques : en principe, le locataire peut avoir des animaux familiers dans son logement, sauf stipulation contraire dans le contrat de location.

Chiens de première catégorie : la loi permet au propriétaire d'interdire la détention de chiens considérés comme dangereux, notamment ceux de la première catégorie (chiens d'attaque), comme les pitbulls. Cette interdiction doit être clairement mentionnée dans le bail.

Responsabilité du locataire : si le locataire possède un animal, il doit veiller à ce qu'il ne cause pas de nuisances ou de dommages, sous peine de responsabilité.

EN RÉSUMÉ

Si votre bail contient une clause interdisant la détention de chiens de première catégorie, votre propriétaire a le droit de vous demander de vous séparer de votre pitbull ou de quitter les lieux.

Vous n'avez pas fait d'état des lieux à l'entrée de votre location

Propriétaire : Vous partez, on va donc faire l'état des lieux.

Locataire : Pas de souci.

Propriétaire : Fissures sur les meubles, taches d'huile sur le canapé, porte du frigo HS, éclats sur le plan de travail, joints abîmés… Je ne vais pas vous rendre votre dépôt de garantie.

LA MASDAKISATION

Locataire : Mais, je ne suis pas responsable de tout cela !

Propriétaire : Qu'est-ce qui me prouve le contraire ?

Locataire : L'état des lieux à l'entrée.

Propriétaire : Justement, vous n'en avez pas fait. Donc, je suis en droit de pouvoir garder votre dépôt de garantie.

CE QUE DIT LA LOI

Selon l'article 1731 du Code civil, en l'absence d'état des lieux d'entrée, le locataire est présumé avoir reçu le logement en bon état d'usage. Cela signifie que lorsque vous quittez le logement sans avoir réalisé d'état des lieux, vous devez le restituer dans le même état, sauf si vous pouvez prouver que les dégradations sont dues à la vétusté ou à des circonstances indépendantes de votre volonté.

Toutefois, l'article 3-2 de la loi du 6 juillet 1989 précise que cette présomption ne s'applique pas si l'une des parties (bailleur ou locataire) a empêché l'établissement de l'état des lieux ou la remise de son exemplaire. En clair, la partie responsable de l'absence de cet état des lieux ne peut pas invoquer la présomption pour faire peser sur l'autre partie la charge de prouver l'état initial du logement.

Points clés

Présomption de bon état : si aucun état des lieux d'entrée n'est effectué, le propriétaire doit prouver que des dégradations ont été causées par le locataire. Si le locataire prouve que le logement était déjà en mauvais état, cette présomption ne s'applique pas.

Charge de la preuve : en cas de retenue sur le dépôt de garantie, le propriétaire doit démontrer que les dégradations sont du fait du locataire. En l'absence d'état des lieux, il lui sera difficile de prouver que des dégradations existaient avant l'occupation du locataire.

Importance de l'état des lieux : réaliser un état des lieux à l'entrée et à la sortie est crucial pour éviter des litiges. En cas de désaccord, des photographies peuvent servir de preuve pour établir l'état initial du logement.

EN RÉSUMÉ

Sans état des lieux d'entrée, le logement peut être présumé en bon état, ce qui peut compliquer la gestion des désaccords lors de l'état des lieux de sortie. Pour éviter tout litige, il est conseillé d'établir un état des lieux dès le début.

Vous demandez à quitter votre location prématurément par rapport à la durée du bail

Locataire : Je viens de décrocher mon premier emploi, je quitte donc cet appartement le mois prochain.

Propriétaire : OK, mais pas le mois prochain. Vous avez un délai de préavis de 3 mois, c'est inscrit dans le bail.

LA MASDAKISATION

Locataire : Le délai de préavis est réduit à 1 mois dans différents cas et notamment en cas d'obtention d'un premier emploi.

Propriétaire : OK, vous avez raison, vous pouvez partir le mois prochain.

CE QUE DIT LA LOI

Selon l'article 15 de la loi du 6 juillet 1989, **le délai de préavis peut être réduit à 1 mois** dans plusieurs situations, notamment :

- Dans les zones d'encadrement des loyers (zones dites tendues).
- Obtention d'un premier emploi.
- Mutation, perte d'emploi, ou nouvel emploi suite à une perte d'emploi.
- État de santé justifiant un changement de domicile (avec certificat médical).
- Situations de violence domestique (ordonnance de protection).
- Bénéficiaires du revenu de solidarité active ou de l'allocation aux adultes handicapés.

Conditions

Le locataire doit justifier le motif de réduction du préavis lors de l'envoi de la lettre de congé. Sans justification, le préavis standard de 3 mois s'applique.

La notification du congé doit se faire par lettre recommandée, acte d'un commissaire de justice, ou remise en main propre.

Application

Pendant le préavis : le locataire ne paie le loyer que pour la période où il occupe réellement le logement si le congé vient du bailleur.

À la fin du préavis : le locataire perd tout droit d'occupation.

EN RÉSUMÉ

En cas d'obtention d'un premier emploi, vous pouvez quitter votre location avec un préavis de 1 mois. Assurez-vous de notifier votre bailleur dans les règles pour bénéficier de cette possibilité.

Vous réclamez une indemnisation suite à une panne de l'ascenseur

Locataire : L'ascenseur est en panne depuis plusieurs semaines. Je vous demande une compensation financière pour le préjudice subi.

Bailleur : Je comprends. Mais je ne peux pas vous proposer une compensation financière, il n'y a pas de budget.

LA MASDAKISATION

Locataire : Vous devez fournir un logement en bon état d'usage et vous avez l'obligation d'entretenir les locaux en état de servir à l'usage mentionné dans le contrat de location.

Bailleur : D'accord, voici votre compensation.

CE QUE DIT LA LOI

Article 6 de la loi du 6 juillet 1989

Le bailleur est tenu de remettre un logement décent au locataire, exempt de risques pouvant porter atteinte à la sécurité ou à la santé. Cela comprend l'obligation d'entretenir les locaux et de s'assurer qu'ils sont conformes à l'usage prévu dans le contrat de location.

Panne d'équipements essentiels

Obligation d'entretien : en cas de panne d'équipements essentiels (comme un ascenseur), le bailleur peut être en manquement de ses obligations.

Droit à compensation

Dommages-intérêts : le locataire peut demander des dommages-intérêts si le bailleur ne respecte pas ses obligations.

Information nécessaire : le bailleur doit être informé des désordres et avoir eu la possibilité d'y remédier. Si le locataire a signalé la panne et que le bailleur n'a pas agi dans un délai raisonnable, une compensation pour préjudice peut être demandée.

Mise en demeure

Formalisation : bien que la mise en demeure ne soit pas obligatoire, elle peut aider à formaliser la demande de réparation ou de compensation.

EN RÉSUMÉ

La loi impose des obligations au bailleur concernant l'état du logement. En cas de défaillance, le locataire a des droits qu'il peut faire valoir, y compris le droit à compensation.

Vous réclamez le dépôt de garantie après avoir rendu les clés de votre appartement

Locataire : Cela fait plus de 2 mois que je vous ai rendu les clés de l'appartement, et je n'ai toujours pas reçu mon dépôt de garantie.

Propriétaire : J'ai besoin de plus de temps.

LA MASDAKISATION

Locataire : D'après la loi, vous avez 1 mois pour rembourser le dépôt de garantie après un état des lieux conforme (2 mois sinon). Nous sommes hors délai, je peux donc réclamer 10 % du loyer par mois de retard.

Propriétaire : Pas de problème, je vous rends votre dépôt de garantie sur-le-champ.

CE QUE DIT LA LOI

Selon l'article 22 de la loi n° 89-462 du 6 juillet 1989, relative aux rapports locatifs, **le dépôt de garantie doit être restitué dans un délai maximal de 1 mois à compter de la remise des clés,** si l'état des lieux de sortie est conforme à l'état des lieux d'entrée. Ce délai est porté à 2 mois si des dégradations ont été constatées.

En cas de retard dans la restitution, le propriétaire doit verser une majoration de 10 % du loyer mensuel pour chaque mois de retard commencé, selon la loi n° 2014-366 du 24 mars 2014 pour l'accès au logement et un urbanisme rénové (loi Alur).

Étapes à suivre pour récupérer votre dépôt de garantie

Envoyer une lettre recommandée : rappelez à votre ancien bailleur ses obligations et demandez la restitution de votre dépôt de garantie. Mentionnez l'article 22 de la loi du 6 juillet 1989.

Saisir la commission départementale de conciliation : si le bailleur ne répond pas ou refuse de restituer le dépôt, cette démarche gratuite permet souvent de trouver une solution amiable.

Engager une procédure judiciaire : si nécessaire, vous pouvez saisir le juge des contentieux de la protection du tribunal judiciaire pour obtenir la restitution de votre dépôt, ainsi que des intérêts de retard.

Remarque

Le délai de prescription pour contester la non-restitution du dépôt de garantie est de 3 ans, à partir du jour où le locataire a connaissance du refus du propriétaire.

EN RÉSUMÉ

Le propriétaire doit restituer le dépôt de garantie dans un délai de 1 mois après la remise des clés, ou 2 mois en cas de dégradations. En cas de retard, vous pouvez réclamer 10 % du loyer par mois de retard. Suivez les étapes indiquées pour récupérer votre dépôt.

Votre propriétaire refuse de vous restituer le dépôt de garantie pour réaliser des travaux

Locataire : Voici les clés, l'état des lieux est conforme. Pourriez-vous me rendre mon dépôt de garantie ?

Propriétaire : Le dépôt de garantie, je le garde. J'ai des travaux à réaliser dans la salle de bains, j'ai constaté quelques dégâts.

LA MASDAKISATION

Locataire : Vous n'avez pas le droit de retenir tout mon dépôt de garantie ! Et toute retenue doit être justifiée (factures, devis...).

Propriétaire : C'est bon, je vous fais parvenir un devis.

CE QUE DIT **LA LOI**

Justification des retenues

Le propriétaire doit fournir les justificatifs des sommes retenues sur le dépôt de garantie. Cela inclut les factures, devis, états des lieux d'entrée et de sortie, photos, ou constat fait par un commissaire de justice (anciennement huissier de justice).

Retenue sur dépôt de garantie

La Cour de cassation considère que la seule **production d'un devis** est suffisante pour justifier les sommes dues (Cass. Civ III : 3.4.01, n° 99-13668 ; Cass. Civ III : 2.10.07, n° 06-18142). Cependant, le montant retenu doit être proportionnel aux dégâts constatés et justifiés.

Délai de restitution

Le propriétaire doit restituer le dépôt de garantie dans **un délai maximum de 2 mois suivant la remise des clés.** Si l'état des lieux de sortie est conforme à l'état des lieux d'entrée, ce délai est réduit à 1 mois.

Provision pour charges

Le propriétaire peut conserver **une provision ne dépassant pas 20 % du montant du dépôt de garantie** jusqu'à l'arrêté annuel des comptes de l'immeuble, si le logement est situé en copropriété.

Informations complémentaires

Contestation des retenues : le locataire peut contester les retenues en envoyant une lettre recommandée avec accusé de réception au propriétaire, demandant des justificatifs détaillés.

Recours en cas de litige : en cas de désaccord persistant, le locataire peut saisir la commission départementale de conciliation ou, en dernier recours, le juge des contentieux de la protection du tribunal judiciaire.

EN RÉSUMÉ

Un propriétaire ne peut pas retenir le dépôt de garantie sans fournir de justifications claires. Si des retenues sont effectuées, vous avez le droit de demander des justificatifs et de contester les montants retenus. N'oubliez pas de respecter les délais de restitution pour éviter toute mauvaise surprise.

Vous habitez au rez-de-chaussée et vous payez les charges d'ascenseur

Locataire : J'habite au rez-de-chaussée, je n'utilise pas l'ascenseur et je paie des charges.

Bailleur : C'est normal. Tous les locataires paient des charges pour l'utilisation et l'entretien de ce service commun. Mais vous devez payer moins que les autres.

LA MASDAKISATION

Locataire : Selon la loi, les locataires habitant au rez-de-chaussée (ou les copropriétaires dans le cas d'une copropriété) n'ont pas à payer des charges d'ascenseur sauf si celui-ci permet l'accès à certaines parties communes ou privatives. Je vous demande donc l'annulation et le remboursement de toutes les sommes que j'ai déjà payées.

Bailleur : C'est bon, j'annule et vous rembourse ces frais.

CE QUE DIT **LA LOI**

Répartition des charges d'ascenseur

L'article 10 de la loi n° 65-557 du 10 juillet 1965 prévoit que **la répartition des charges relatives aux services collectifs et équipements communs,** comme l'ascenseur, **doit se faire en fonction de l'utilité que chaque lot en retire.** Autrement dit, un copropriétaire ou locataire d'un lot situé au rez-de-chaussée, n'utilisant pas l'ascenseur, ne devrait pas être tenu de participer aux charges d'ascenseur, sauf si cet ascenseur permet d'accéder à des parties communes ou privatives comme des caves ou garages.

Jurisprudence

La jurisprudence a confirmé ce principe. Par exemple, la Cour de cassation a précisé que **les charges d'ascenseur doivent être proportionnelles à l'usage réel de chaque lot** (Cass. Civ. 3e, 9 mai 2019, n° 18-17.334). Ainsi, un copropriétaire ou locataire n'en bénéficiant pas ne peut être contraint de payer ces charges.

Démarches à suivre

Si vous êtes locataire et pensez avoir payé à tort des charges d'ascenseur, vous pouvez **demander à votre bailleur le remboursement des sommes concernées.** Cette demande doit être formalisée par écrit, en invoquant les dispositions légales et la jurisprudence applicables.

EN RÉSUMÉ

En tant que locataire d'un lot au rez-de-chaussée, vous pouvez contester le paiement des charges d'ascenseur si vous n'en bénéficiez pas. Sur la base de l'article 10 de la loi de 1965, vous êtes en droit de demander l'annulation et le remboursement des montants indûment payés.

Votre propriétaire vous fait payer la taxe d'enlèvement des ordures ménagères

Locataire : Vous incluez dans mes charges le paiement de la taxe d'enlèvement des ordures ménagères et en plus vous me refacturez les mois passés sans la payer.

Propriétaire : Cette taxe est à la charge des propriétaires et est remboursable par les locataires.

LA MASDAKISATION

Locataire : La prescription des loyers et des charges s'élève à 3 ans, mais comme ce logement est situé à une distance trop importante du point de collecte de déchets le plus proche, vous pouvez être exonéré de la taxe d'enlèvement des ordures ménagères.

Propriétaire : Incroyable. Je vais le faire tout de suite.

CE QUE DIT LA LOI

La taxe d'enlèvement des ordures ménagères (TEOM) est due par le propriétaire du logement au 1er janvier de chaque année, conformément au Code général des impôts (article 1523). **Cette taxe est récupérable auprès du locataire,** comme indiqué par le décret n° 87-713 du 26 août 1987. Cela signifie que le propriétaire peut demander le remboursement de la TEOM au locataire lors de la régularisation annuelle des charges.

Exonération de la TEOM

Si le logement est situé à plus de 500 mètres du point de collecte des déchets, le locataire peut demander une exonération de la TEOM. Pour une distance comprise entre 200 et 500 mètres, l'exonération dépend de la situation spécifique et est laissée à l'appréciation du juge.

Compléments d'explication

Récupérabilité de la TEOM : le propriétaire a le droit de refacturer la TEOM au locataire, car elle est considérée comme une charge récupérable, à condition que cela soit précisé dans le contrat de location.

Prescription : la prescription pour réclamer les loyers et charges, y compris la TEOM, est de 3 ans. Le propriétaire ne peut donc pas exiger de paiement au-delà de cette période.

Exonération : comme mentionné, au-delà de 500 mètres du point de collecte, une exonération est possible. Pour des distances entre 200 et 500 mètres, une analyse des circonstances sera nécessaire et pourrait nécessiter une décision judiciaire.

Démarches à suivre

Si vous êtes locataire et que vous contestez la TEOM incluse dans vos charges, **vérifiez d'abord les termes de votre contrat de location.** Vous pouvez également discuter avec votre propriétaire ou consulter un avocat ou une association de consommateurs pour obtenir des conseils adaptés à votre situation.

EN RÉSUMÉ

Si votre propriétaire vous réclame la TEOM, vérifiez la distance au point de collecte et votre contrat de location. Vous pourriez être exonéré si le point de collecte est trop éloigné ou si le délai de 3 ans pour le paiement des charges est dépassé.

Votre bailleur augmente le loyer de votre logement social

Locataire : J'ai reçu un courrier m'indiquant que mon loyer va augmenter l'année prochaine.

Bailleur : Oui, c'est exact, car vos revenus dépassent de 20 % les plafonds autorisés pour occuper un logement social.

LA MASDAKISATION

Locataire : Effectivement, j'aurais dû payer un surloyer, mais mon appartement est dans un quartier populaire classé « politique de la ville ».

Bailleur : D'accord, d'accord. Il n'y aura pas d'augmentation.

CE QUE DIT **LA LOI**

Exonération de surloyer : zones géographiques spécifiques

L'article R441-31 du Code de la construction et de l'habitation prévoit des exonérations de supplément de loyer de solidarité (SLS) pour les logements sociaux, en fonction de leur localisation. Certaines zones géographiques bénéficient de cette exonération, telles que :

– **Les zones rurales en développement,** afin de soutenir la revitalisation des territoires moins dynamiques.

– **Les quartiers urbains en difficulté,** ciblés par des politiques publiques visant à améliorer la qualité de vie et encourager la mixité sociale, qui bénéficient également de l'exonération de surloyer pour favoriser leur réhabilitation.

Exonération de CFE (cotisation foncière des entreprises)

Les entreprises situées dans ces zones géographiques spécifiques peuvent aussi bénéficier de l'exonération de la cotisation foncière des entreprises (CFE), une taxe locale sur la valeur foncière des biens utilisés pour l'activité professionnelle. Cette mesure a pour objectif de stimuler le développement économique dans ces zones.

En résumé

Lorsque les revenus du foyer dépassent un certain plafond, un surloyer peut être appliqué pour continuer à occuper un logement social. Toutefois, des exceptions existent selon les zones géographiques. Cette mesure soutient la mixité sociale et la revitalisation urbaine. De plus, les entreprises implantées dans ces zones peuvent également bénéficier d'exonérations fiscales, comme la CFE, pour encourager leur développement.

Votre propriétaire vous annonce une augmentation de loyer pour votre logement énergivore

Propriétaire : Votre loyer va augmenter le mois prochain en vertu de la révision annuelle.

Locataire : Comment cela ? Sortez-moi le Diagnostic de performance énergétique (DPE) du logement.

Propriétaire : Euh… bien sûr…

LA MASDAKISATION

Locataire : Le DPE du logement est « F » et, d'après la loi, il est interdit d'augmenter le loyer d'un logement classé « F » ou « G ».

Propriétaire : J'annule l'augmentation du loyer.

CE QUE DIT **LA LOI**

Pour les baux conclus après le 24 août 2022, aucune augmentation de loyer ne peut être pratiquée pour les logements les plus énergivores, les biens classés « F » et « G » (articles 17-1 et 17-2 de la loi du 6 juillet 1989). Cette interdiction s'applique lors de la révision annuelle, lors du renouvellement du bail ou lors de l'entrée dans les lieux d'un nouveau locataire (loi n° 2021-1104 du 22 août 2021, Climat et Résilience).

Encadrement des loyers

Outre l'interdiction d'augmenter le loyer, pour les logements classés « F » ou « G » en performance énergétique **le propriétaire ne peut pas fixer un loyer supérieur à celui du précédent locataire lors d'une nouvelle location** (article 17 de la loi du 6 juillet 1989).

Calendrier des interdictions de location en fonction de la classe énergétique

- **1er janvier 2023 :** interdiction de location pour les logements > 450 kWh/m²/an
- **1er janvier 2025 :** interdiction de location pour les logements classés « G. »
- **1er janvier 2028 :** interdiction de location pour les logements classés « F ».
- **1er janvier 2034 :** interdiction de location pour les logements classés « E ».

Obligations du propriétaire

Le propriétaire doit fournir un DPE valide lors de la mise en location ou du renouvellement du bail. En cas de non-respect de cette obligation, le locataire peut contester l'augmentation de loyer.

Informations complémentaires

Recours en cas de litige : si le propriétaire persiste à vouloir augmenter le loyer en dépit de la réglementation, le locataire peut saisir la commission départementale de conciliation ou, en dernier recours, le juge.

Exceptions : les locations saisonnières à vocation touristique ne sont pas concernées par ces interdictions.

EN RÉSUMÉ

Si votre propriétaire vous annonce une augmentation de loyer pour un logement classé « F » et « G », sachez que c'est illégal. Rappelez-lui ses obligations concernant le Diagnostic de performance énergétique (DPE). Soyez attentif aux changements réglementaires, car la législation sur la décence énergétique des logements est fréquemment mise à jour.

Votre propriétaire augmente votre loyer

Locataire : Qu'est-ce qui justifie l'augmentation du loyer pour l'année prochaine ?

Propriétaire : Cette augmentation légale est calculée en fonction des prix à la consommation (indice IRL) et permet aux propriétaires de réviser régulièrement, mais raisonnablement le loyer.

LA MASDAKISATION

Locataire : Certes, vous pouvez réévaluer le montant du loyer une fois par an, mais seulement si une clause de révision a été inscrite dans le contrat de location. Et ce n'est pas le cas.

Propriétaire : Vous avez raison, on reste sur l'ancien montant du loyer.

CE QUE DIT LA LOI

Selon l'article 17-1 de la loi du 6 juillet 1989, **la révision du loyer est possible uniquement si une clause de révision est incluse dans le contrat de location.** Cette révision peut avoir lieu chaque année à la date convenue ou, en l'absence de précision, à la fin de chaque année du contrat.

Points clés

Clause de révision : sans clause de révision dans le contrat, le propriétaire ne peut pas augmenter le loyer sans l'accord du locataire.

Indice de référence des loyers (IRL) : si une clause est présente, l'augmentation doit être basée sur l'IRL publié par l'INSEE. L'augmentation ne peut dépasser la variation de cet indice, qui mesure l'évolution des prix à la consommation hors tabac et loyers.

Délai de notification : le propriétaire doit demander la révision du loyer dans l'année suivant la date de prise d'effet. À défaut, il est considéré comme ayant renoncé à cette augmentation pour l'année écoulée.

EN RÉSUMÉ

Sans clause de révision dans votre contrat de bail, le propriétaire ne peut pas légalement augmenter le loyer.

Vous refusez de payer votre loyer suite à un litige avec votre propriétaire

Locataire : Cela fait des mois que vous devez réparer le chauffage. Vous ne faites rien donc j'arrête de vous payer le loyer !

Propriétaire : Si vous faites ça, c'est simple je vous expulse.

LA MASDAKISATION

Locataire : J'ai demandé une consignation des loyers devant le tribunal judiciaire. Je vais verser le loyer à la Caisse des dépôts tant que le litige n'est pas résolu.

Propriétaire : Non, ne faites pas cela ! Je m'occupe des travaux de suite.

CE QUE DIT **LA LOI**

Consignation des loyers

Afin de contraindre le bailleur à respecter ses obligations, un locataire peut verser son loyer à un tiers, comme la Caisse des dépôts, sans frais supplémentaires. Cependant, le locataire ne peut pas décider unilatéralement de la consignation des loyers : il doit d'abord obtenir l'autorisation d'un tribunal de proximité (ex-tribunal d'instance).

Démarches à suivre

Avertir le bailleur par écrit des dysfonctionnements (lettre recommandée avec accusé de réception).

Si pas de réaction, mettre en demeure le bailleur de réaliser les réparations (lettre recommandée).

Si aucune solution amiable n'est trouvée, même après la saisine de la commission départementale de conciliation, il est possible de saisir le tribunal judiciaire pour consigner les loyers.

Obligations du bailleur

Le bailleur doit fournir un logement décent et en bon état d'usage (article 6 de la loi nº 89-462 du 6 juillet 1989). Si ce n'est pas respecté, le locataire peut demander au juge d'ordonner les travaux.

Sanctions en cas de non-paiement

Le locataire doit continuer à payer le loyer, même en cas de litige, pour éviter la résiliation du bail. La consignation des loyers protège le locataire tout en respectant cette obligation.

Informations complémentaires

En cas de travaux de plus de 21 jours affectant la jouissance du logement, le locataire peut demander une réduction de loyer proportionnelle à la durée des travaux (article 1724 du Code civil).

EN RÉSUMÉ

Si le litige avec votre propriétaire persiste, vous pouvez demander la consignation des loyers via le tribunal, tout en continuant à les payer pour éviter la résiliation. Vous pouvez également demander une réduction de loyer si les travaux durent plus de 21 jours. N'oubliez pas de conserver toutes les correspondances et tous les documents liés aux demandes de réparations pour étayer votre dossier !

Votre propriétaire entre chez vous sans vous prévenir

Locataire : Mais que faites-vous chez moi ?

Propriétaire : C'est chez moi ici. Et je voulais voir dans quel état était mon appartement.

LA MASDAKISATION

Locataire : D'après le Code civil, vous n'avez pas le droit d'entrer chez moi et vous vous exposez à une amende de 15 000 € et à une peine d'emprisonnement d'un an.

Propriétaire : D'accord, promis, c'est la dernière fois que je viens ici.

CE QUE DIT LA LOI

Le locataire a le droit de jouir paisiblement de son logement pendant toute la durée du bail (loi n° 89-462 du 6 juillet 1989). Cela implique que le propriétaire ne peut pas entrer dans le logement sans l'accord préalable du locataire, mais il a le droit de posséder un double des clés.

Points clés

Violation de domicile : l'entrée du propriétaire sans consentement constitue une violation de domicile, sanctionnée par l'article 226-4 du Code pénal. Cet article dispose que pénétrer chez autrui sans autorisation peut entraîner jusqu'à un an d'emprisonnement et 15 000 € d'amende.

Droit à la tranquillité : le locataire est en droit d'attendre que son domicile soit respecté et protégé contre toute intrusion non autorisée.

Clause de visite : si le contrat de bail inclut une clause permettant des visites, celles-ci doivent être convenues par les deux parties et ne pas être abusives. En général, une visite annuelle est jugée raisonnable.

EN RÉSUMÉ

Votre propriétaire ne peut pas entrer chez vous sans votre accord. En cas d'intrusion, n'hésitez pas à lui rappeler ses obligations légales et, si nécessaire, à envisager des recours juridiques pour faire valoir vos droits.

Vous êtes locataire et vous changez la serrure

Propriétaire : Vous avez changé la serrure de l'appartement.

Locataire : Oui, car je ne veux pas que vous puissiez entrer chez moi à tout moment (voir litige page de gauche).

Propriétaire : Ok, mais ce n'est pas la question.

LA MASDAKISATION

Propriétaire : Vous n'avez pas le droit de changer la serrure sans mon autorisation. De plus, pouvez-vous me fournir un double des clés ?

Locataire : Non, car je ne veux pas que vous entriez dans mon logement sans mon accord.

Propriétaire : C'est d'accord, je vous promets que je ne rentrerai pas chez vous, mais vous devez quand même me fournir un double des clés.

CE QUE DIT **LA LOI**

Article 7 de la loi du 6 juillet 1989

Le locataire peut changer la serrure sans l'autorisation du propriétaire, à condition de remettre l'ancienne à la fin du bail. Cependant, il ne doit pas transformer de manière irréversible les locaux ou équipements loués sans l'accord écrit du propriétaire. Sans cet accord, le bailleur peut exiger la remise en l'état des lieux ou conserver les transformations effectuées sans indemnisation. En cas de modifications compromettant la sécurité ou le bon fonctionnement, le bailleur peut demander la remise en état immédiatement, aux frais du locataire.

À noter que le locataire n'est pas obligé de donner un double des clés au propriétaire

Travaux d'adaptation et de rénovation énergétique

Le locataire peut réaliser des travaux d'adaptation pour les personnes handicapées ou de rénovation énergétique à ses frais, **sous réserve de demander l'accord du propriétaire par lettre recommandée.** Si le propriétaire ne répond pas sous 2 mois, cela vaut acceptation. À la fin du bail, le propriétaire ne peut pas exiger la remise en état des lieux. Les modalités sont fixées par décret.

EN RÉSUMÉ

Le locataire peut changer les serrures, mais il doit remettre l'ancienne à la fin du bail. Il ne peut pas effectuer de transformations irréversibles sans l'accord du propriétaire. Les travaux d'adaptation pour les personnes handicapées ou de rénovation énergétique peuvent être réalisés sans risque de remise en état à la fin du contrat, à condition de respecter la procédure.

Vous vous plaignez du bruit fait par les enfants de votre voisin du dessus

Voisin 1 : Bonjour, vos enfants font beaucoup trop de bruit. Je vais appeler la police, car dans la loi nul ne doit causer à autrui un trouble anormal du voisinage.

Voisin 2 : Je suis désolé, mais ce sont des enfants.

Voisin 1 : Et alors ! J'appelle la police.

LA MASDAKISATION

Voisin 2 : À ma connaissance, il n'y a aucun bruit extrême. Ce sont des bruits normaux associés à la vie d'un immeuble.

Voisin 1 : C'est bon, je ne reviendrai plus vous voir.

CE QUE DIT LA LOI

Principe des troubles anormaux de voisinage

Selon l'adage juridique, **« nul ne doit causer à autrui un trouble anormal de voisinage »** (Cass Civ. 2e, 19 novembre 1986, n° 84-16.379). Cela signifie que les nuisances doivent dépasser les inconvénients normaux de la vie en communauté pour être considérées comme anormales.

Jurisprudence concernant les bruits d'enfants

La jurisprudence a établi que les bruits causés par des enfants, tels que les jeux, les pleurs ou les claquements de portes, **sont généralement considérés comme des nuisances normales** inhérentes à la vie d'un immeuble. Par exemple, un arrêt de la Cour d'appel du 11 mai 1994 a précisé que les bruits provoqués par les enfants jouant dans l'appartement du dessus, étant instantanés, accidentels ou imprévus, ne peuvent constituer un trouble anormal.

Critères d'appréciation

Pour qu'un bruit soit qualifié de trouble anormal, **plusieurs critères sont pris en compte, tels que :**

- Fréquence, durée et intensité du bruit.
- Moment de la journée où il se produit (jour ou nuit).
- Localisation du bruit (zone résidentielle ou industrielle, type de logement).

EN RÉSUMÉ

Les bruits causés par les enfants d'un voisin sont habituellement considérés comme normaux et ne constituent pas un trouble anormal de voisinage, sauf dans des circonstances exceptionnelles. Il est donc peu probable qu'un voisin puisse obtenir gain de cause en se plaignant de tels bruits, à moins qu'ils ne soient manifestement excessifs.

Votre voisin faire tourner son lave-linge tard le soir

Locataire 1 : Cela fait plusieurs nuits que je n'arrive pas à dormir à cause de votre machine à laver, elle fait un bruit infernal.

Locataire 2 : J'ai un contrat heures creuses afin de payer moins cher l'électricité, donc c'est la nuit que je fais tourner la machine à laver.

LA MASDAKISATION

Locataire 1 : Votre lave-linge fait un bruit excessif et répétitif après 22 heures, ce qui peut être assimilé à du tapage nocturne. Vous risquez une contravention de 3e classe.

Locataire 2 : C'est bon, j'arrête tout de suite.

CE QUE DIT LA LOI

Selon l'article R1334-31 du Code de la santé publique, il est précisé qu'« aucun bruit particulier ne doit, par sa durée, sa répétition ou son intensité, nuire à la tranquillité du voisinage ou à la santé des personnes, que ce soit dans un espace public ou privé ». Par conséquent, des bruits émis par des appareils ménagers, comme un lave-linge, peuvent être considérés comme des nuisances sonores s'ils sont jugés excessifs, récurrents ou s'ils surviennent à des moments inappropriés, notamment la nuit.

Points importants à retenir

Tapage nocturne : les nuisances sonores, y compris celles liées aux appareils électroménagers, peuvent être considérées comme du tapage nocturne si elles se produisent entre 22 heures et 7 heures. Dans cette situation, le locataire responsable du bruit risque une contravention de 3e classe.

Devoirs des locataires : chaque locataire doit veiller à respecter le calme de son voisinage. Cela inclut la gestion des bruits émis par des appareils électroménagers. Utiliser un lave-linge pendant les heures creuses pour économiser peut ne pas justifier un bruit excessif qui perturbe les voisins.

Que faire en cas de nuisance sonore ?

Si vous êtes dérangé par ce type de bruit, voici quelques étapes à suivre.

Échanger avec le voisin : parlez-en directement avec votre voisin pour lui faire part de la gêne que cela vous cause.

Rédiger un courrier : si le dialogue n'est pas suffisant, vous pouvez lui adresser un courrier, de préférence en recommandé, pour lui rappeler les règles de voisinage et lui demander de réduire le bruit.

Faire appel aux autorités : si la situation ne s'améliore pas, vous pouvez contacter la mairie ou la police municipale, qui pourront intervenir pour vérifier la nuisance.

Sanctions possibles

En cas de non-respect des règles, **le voisin** à l'origine du bruit **peut encourir des amendes,** et des mesures peuvent être prises pour mettre fin aux nuisances sonores.

EN RÉSUMÉ

Si votre voisin fait tourner son lave-linge la nuit et perturbe votre sommeil, vous pouvez invoquer la loi sur le tapage nocturne. Essayez de dialoguer avec lui pour éviter une amende, mais si le problème persiste, les autorités peuvent intervenir.

TRAVAIL

FINI LES LITIGES ⚡ FINI LES ARNAQUES

Vous cherchez une information sur vos droits au travail ? La rémunération, les congés, les horaires, les obligations de l'employeur et celles de l'employé… Masdak y répond.

Vous êtes créateur d'entreprise et vous souhaitez recevoir une aide de France Travail

Entrepreneur : Je souhaite m'inscrire à France Travail (ex-Pôle emploi) en tant que créateur d'entreprise et réaliser mon projet très rapidement. J'ai besoin d'une grosse somme d'argent.

France Travail : Vous êtes éligible à l'allocation d'aide au retour à l'emploi (ARE) et recevrez 70 € par jour de chômage. Sinon, vous devrez lever des fonds.

LA MASDAKISATION

Entrepreneur : Je souhaite bénéficier de l'ARCE (aide à la reprise ou à la création d'entreprise) et j'ai le droit de recevoir 60 % du reliquat de mes droits aux allocations chômage sous forme de capital en deux fois.

France Travail : C'est bon. Vous êtes éligible.

CE QUE DIT LA LOI

L'ARCE ou l'aide à la reprise et à la création d'entreprise est une aide pour les demandeurs d'emploi créant ou reprenant une entreprise. Elle est versée par France Travail. **Le versement se fait sous forme de capital et correspond à 60 % des droits ARE restants en deux fois :** à la création et 6 mois après, si l'activité continue.

Contexte d'application

L'ARCE s'adresse aux demandeurs d'emploi inscrits à France Travail, percevant l'ARE, ayant obtenu l'ACRE, et créant/reprenant une entreprise en France. **Elle ne s'applique pas en cas de maintien des allocations ARE.**

Démarches

- Inscription à France Travail et mention du projet.
- Demande de l'ACRE.
- Demande de l'ARCE après obtention de l'ACRE.
- Rassemblement des pièces justificatives.
- Suivi de la demande auprès de France Travail.

Risques en cas de non-respect

Ne pas respecter les conditions peut entraîner un refus de l'ARCE. **Omettre de déclarer l'entreprise expose à un remboursement des allocations.** En cas d'arrêt d'activité, une réinscription comme demandeur d'emploi est possible. Remarque : il est essentiel de faire un arbitrage entre maintenir l'ARE ou opter pour l'ARCE en fonction de la situation personnelle et des besoins financiers, car chacune de ces options présente des avantages spécifiques selon l'évolution de l'activité.

EN RÉSUMÉ

L'ARCE offre aux demandeurs d'emploi un capital immédiat pour lancer ou reprendre une entreprise, en leur permettant d'investir dans les premières étapes critiques de leur activité sans attendre des revenus stables. Il est essentiel de respecter les démarches et conditions pour éviter toute complication.

Vous souhaitez cumuler allocation chômage et rémunération d'activité non salariée

Allocataire : J'étais salarié et j'ai créé ma microentreprise en parallèle. J'ai déjà encaissé du chiffre d'affaires (CA). Puis-je bénéficier du chômage sachant que je ne suis pas encore inscrit à France Travail ?

France Travail : Vous êtes éligible au chômage (ARE), je valide votre inscription.

Un mois plus tard.

Allocataire : Je n'ai reçu qu'une partie de mon allocation mensuelle.

France Travail : C'est normal, vous avez déclaré un chiffre d'affaires, vous ne pouvez donc cumuler qu'une partie de l'ARE.

LA MASDAKISATION

Allocataire : J'ai créé et généré du CA avant de m'inscrire chez vous. Les conditions sont donc réunies pour bénéficier du cumul intégral entre mon CA et l'ARE. C'est même inscrit sur le site de France Travail.

France Travail : Vous avez raison.

CE QUE DIT LA LOI

Les demandeurs d'emploi qui créent ou reprennent une entreprise peuvent **bénéficier de l'ARE sous certaines conditions.** Ce dispositif est conçu pour soutenir le lancement d'une activité tout en assurant une sécurité financière.

Conditions d'éligibilité

- Inscription comme demandeur d'emploi auprès de France Travail.
- Respect des conditions d'attribution de l'ARE.
- Absence de demande préalable pour l'aide à la reprise ou à la création d'entreprise (ARCE).
- Si l'activité a débuté avant l'inscription et a généré des revenus, le cumul intégral de l'ARE et du chiffre d'affaires est possible.

Démarches à suivre

- Inscrivez-vous à France Travail comme demandeur d'emploi.
- Déclarez les revenus mensuels de votre microentreprise.
- Assurez le respect des conditions d'éligibilité pour conserver le droit au cumul.

Attention !

Toute fausse déclaration ou non-déclaration des revenus **peut entraîner une réduction ou suppression de l'ARE,** voire des sanctions en cas d'indus.

EN RÉSUMÉ

Le cumul intégral entre l'ARE et les revenus d'une microentreprise est possible si l'activité a commencé avant l'inscription à France Travail et a généré des revenus. Respectez les conditions d'éligibilité et déclarez vos revenus pour conserver ce droit. Pour toute question, n'hésitez pas à vous renseigner sur le site de France Travail.

France Travail vous demande de rembourser un trop-perçu d'allocation chômage

Allocataire : Je viens de recevoir une lettre me demandant de rembourser un trop-perçu d'allocation chômage.

Conseiller : Oui, nous vous avons versé des allocations à tort il y a 5 ans. Vous devez rembourser !

LA MASDAKISATION

Allocataire : L'action en remboursement de l'allocation indûment versée est prescrite au bout de 3 ans.

Conseiller : C'est bon, vous n'avez donc rien à rembourser.

CE QUE DIT **LA LOI**

Prescription de l'action en remboursement

Les sommes considérées comme indues peuvent être réclamées par France Travail (ex-Pôle emploi) **dans un délai de 3 ans à partir du versement du trop-perçu.** Cette règle est prévue par l'article L. 5422-5 du Code du travail.

Exception en cas de fraude

En cas de fraude ou de fausse déclaration de la part du bénéficiaire, **le délai de prescription est allongé à 10 ans après la date du versement.** Cette disposition vise à permettre à l'administration de récupérer les sommes indûment perçues dans des situations où le bénéficiaire aurait intentionnellement trompé l'organisme.

Notification et recours

France Travail doit notifier le trop-perçu par courrier. Cette notification doit inclure le motif, la nature et le montant des sommes réclamées, ainsi que les modalités de contestation et les voies de recours.

Vous avez la possibilité de contester cette demande en formant un recours gracieux devant le directeur général de France Travail dans un délai de 2 mois à compter de la notification. En l'absence de réponse dans ce délai, votre contestation est considérée comme rejetée.

Informations complémentaires

Recours en cas de litige : si votre recours gracieux n'aboutit pas, vous pouvez saisir le tribunal compétent pour contester la demande de remboursement.

Démarches préalables : il est conseillé de conserver tous les documents relatifs à votre situation (lettres de notification, justificatifs de paiement, etc.) pour appuyer votre contestation.

EN RÉSUMÉ

Si France Travail vous demande de rembourser un trop-perçu d'allocation chômage, vérifiez si la demande est faite dans les 3 ans suivant le versement. En cas de fraude, le délai peut être porté à 10 ans. Vous avez le droit de contester cette demande dans les 2 mois suivant la notification.

Vous êtes demandeur d'emploi et avez droit à la portabilité de la mutuelle santé

Demandeur d'emploi : Depuis que j'ai quitté mon travail le mois dernier, je n'ai plus de mutuelle.

Masdak : Qu'est-ce que vous racontez ?

LA MASDAKISATION

Masdak : En tant que demandeur d'emploi, vous avez droit à la portabilité de votre mutuelle santé. Cela permet de bénéficier gratuitement de la mutuelle santé de votre ancienne entreprise pendant un certain temps après la fin de votre contrat de travail.

Demandeur d'emploi : Merci beaucoup.

CE QUE DIT **LA LOI**

La portabilité de la mutuelle santé permet à un salarié dont le contrat de travail a pris fin **de continuer à bénéficier de la couverture santé de son ancien employeur.** Ce droit est encadré par l'article L911-8 du Code de la sécurité sociale, qui définit les conditions à remplir pour le maintien des garanties.

Contexte d'application

– Avoir adhéré à la mutuelle d'entreprise avant la fin du contrat.
– La rupture du contrat doit être motivée par autre chose qu'une faute lourde (comme un licenciement, une rupture conventionnelle, ou une démission légitime).
– Être pris en charge par l'assurance chômage à la suite de la cessation du contrat de travail. Les ayants droit peuvent également profiter de cette portabilité, à condition que le contrat soit collectif et que vous-même en bénéficiiez.

Démarches et étapes pratiques

Pour activer ce droit à la portabilité, **voici les étapes à suivre.**
– Aucune demande formelle n'est nécessaire, mais il faut fournir un justificatif de votre prise en charge par l'assurance chômage à l'organisme assureur.
– Votre employeur doit mentionner le maintien des garanties dans votre certificat de travail et informer l'assureur de la cessation de votre contrat.
– La portabilité prend effet dès la fin de votre contrat de travail et peut durer jusqu'à 12 mois, en fonction de la durée de votre indemnisation chômage.

Risques et conséquences en cas de non-respect

Si vous ne remplissez pas les conditions requises, vous ne pourrez pas bénéficier de la portabilité. En cas de manquement de l'employeur, comme l'omission de la portabilité dans le certificat de travail, **vous disposez de recours juridiques pour faire valoir vos droits.**

EN RÉSUMÉ

La portabilité, qui peut durer jusqu'à 12 mois, vous permet de conserver la mutuelle de votre ancien employeur, sous réserve de respecter certaines conditions. Assurez-vous que votre employeur mentionne la portabilité dans votre certificat de travail et conservez tous les justificatifs nécessaires. Pour toute question spécifique, n'hésitez pas à contacter votre ancien employeur ou votre organisme assureur.

Votre employeur vous demande d'arriver en avance au travail

Employeur : À partir de demain, vous viendrez 15 minutes à l'avance chaque matin.

Salarié : Mes horaires c'est 9 h–17 h ! Donc, ce seront des heures supplémentaires ?

Employeur : Non, vous venez 15 minutes à l'avance sans faute !

LA MASDAKISATION

Salarié : D'après la loi, vous ne pouvez pas imposer des horaires différents de ceux prévus dans le contrat de travail. Me demander de venir 15 minutes à l'avance chaque matin constitue du temps de travail supplémentaire et peut être considéré comme une tentative de travail dissimulé.

Employeur : C'est bon, ne vous énervez pas, je vous paie.

CE QUE DIT LA LOI

Heures supplémentaires

Toute heure accomplie au-delà de la durée légale hebdomadaire de 35 heures est considérée comme 1 heure supplémentaire, ouvrant droit à une majoration salariale ou, le cas échéant, à un repos compensateur équivalent (article L3121-28 du Code du travail). Les heures supplémentaires doivent être accomplies avec l'accord préalable de l'employeur. Toutefois, si l'employeur a connaissance de ces heures et ne s'y oppose pas, il peut être considéré comme ayant donné son accord tacite.

Travail dissimulé

Le fait de ne pas mentionner ce temps de travail supplémentaire sur la fiche de paie constitue une **tentative de travail dissimulé** (article L8221-5 du Code du travail), passible de sanctions pénales et administratives (article L8224-1 du Code du travail).

Preuve des heures supplémentaires

La preuve de l'existence des heures supplémentaires est libre, c'est-à-dire qu'elles se prouvent par tous moyens. En cas de litige, l'employeur doit fournir au juge les éléments justifiant les horaires effectivement réalisés par le salarié (article L3171-4 du Code du travail).

Recours en cas de non-paiement

Le salarié peut saisir le conseil de prud'hommes. Le juge formera sa conviction après avoir ordonné, en cas de besoin, toutes les mesures d'instruction qu'il estime utiles (article L3171-4 du Code du travail). Le salarié peut également **contacter l'inspection du travail** qui peut intervenir (article L8112-1 du Code du travail).

EN RÉSUMÉ

Un employeur ne peut pas imposer des horaires différents de ceux du contrat de travail. Les heures supplémentaires doivent être rémunérées conformément à la loi, et le refus de paiement peut être contesté devant le conseil de prud'hommes. Les employés peuvent également signaler des abus à l'inspection du travail.

Votre employeur vous appelle en dehors de vos heures de travail

Employeur : Je vous ai appelé plusieurs fois hier dans la soirée et vous ne répondiez pas !

Salarié : Désolé, mais je n'ai pas à vous répondre.

Employeur : Pardon ?

LA MASDAKISATION

Salarié : D'après la loi, je n'ai pas l'obligation de décrocher le téléphone en dehors de mes heures de travail. C'est le droit à la déconnexion.

Employeur : C'est bon, je ne le ferai plus.

CE QUE DIT **LA LOI**

Droit à la déconnexion

Le droit à la déconnexion permet aux salariés de ne pas être sollicités par leur employeur en dehors de leurs heures de travail dans un monde de plus en plus connecté. Ce droit a été introduit par la loi Travail du 8 août 2016 et est entré en vigueur le 1er janvier 2017. **Ce droit est intégré dans l'obligation générale de santé et de sécurité** qui pèse sur l'employeur (article L4121-1 du Code du travail).

Obligation de l'employeur

L'employeur doit veiller au respect du droit à la déconnexion, notamment **en mettant en place des mesures appropriées** pour garantir ce droit (article L2242-17 du Code du travail). Cela peut inclure :

- Blocage des messageries en dehors des horaires de travail,
- Définition des temps de travail et de déconnexion,
- Information des salariés sur leur droit à la déconnexion,
- Ajout d'un message dans les signatures email mentionnant l'existence du droit à la déconnexion.

Sanctions en cas de non-respect

Le Code du travail ne prévoit pas de sanctions spécifiques pour le non-respect des règles relatives au droit à la déconnexion. Cependant, **l'employeur peut être pénalement sanctionné** (emprisonnement et amende) s'il omet de négocier sur la qualité de vie au travail, ce qui inclut le droit à la déconnexion (article L2243-2 du Code du travail). De plus, l'employeur ne peut pas licencier un salarié qui n'a pas répondu à des sollicitations professionnelles en dehors de son temps de travail.

Informations complémentaires

Le droit à la déconnexion est un **sujet à aborder dans le cadre de la négociation annuelle obligatoire (NAO) sur la qualité de vie au travail** (article L2242-17 du Code du travail). Même en l'absence de charte ou d'accord collectif, l'employeur doit veiller au respect de ce droit. Le droit à la déconnexion s'applique également aux salariés en télétravail.

EN RÉSUMÉ

Vous n'êtes pas obligé de répondre à des appels de votre employeur en dehors de vos heures de travail grâce au droit à la déconnexion. L'employeur a l'obligation de respecter ce droit et de ne pas sanctionner un salarié pour ne pas avoir répondu à des sollicitations en dehors des heures de travail.

Vous demandez que votre salaire soit versé en espèces

Salarié : J'ai des dépenses urgentes à réaliser, j'aimerais recevoir mon salaire en espèces.

Employeur : C'est la première fois que je l'entends celle-là. Négatif.

LA MASDAKISATION

Salarié : D'après le Code du travail, le salaire peut être versé en espèces dans la limite de 1 500 €. Je suis éligible !

Employeur : C'est bon, voilà 1 450 € en liquide.

CE QUE DIT **LA LOI**

Paiement en espèces

L'article L3241-1 du Code du travail dispose que **le salaire peut être payé en espèces si le salarié en fait la demande, et si le montant du salaire est inférieur à 1 500 €** (montant mensuel déterminé par décret). Cette demande doit être respectée par l'employeur.

Obligation de remise de fiche de paie

L'employeur est tenu de remettre une fiche de paie, en format papier ou électronique, même si le salaire est payé en espèces. **Cette fiche de paie doit mentionner toutes les informations légales requises.**

Exceptions et limites

Le paiement en espèces n'est possible que si **le montant du salaire est inférieur à 1 500 €.** Au-delà de ce montant, le salaire doit être payé par chèque barré ou par virement bancaire.

Informations complémentaires

Sécurité des paiements : le paiement en espèces peut poser des problèmes de sécurité, tant pour le salarié que pour l'employeur. Il est donc recommandé de prendre des précautions lors de la remise des espèces.

Conservation des preuves : il est important de conserver une copie de la fiche de paie et de toute correspondance relative à la demande de paiement en espèces pour éviter tout litige futur.

EN RÉSUMÉ

Vous pouvez demander à recevoir votre salaire en espèces si son montant est inférieur à 1 500 €. L'employeur doit respecter cette demande, mais il est tenu de fournir une fiche de paie. Pensez à conserver les documents pour toute vérification future.

Votre employeur est en retard pour le paiement du salaire

Salarié : Je n'ai toujours pas reçu mon salaire du mois.
Employeur : Je vais vous payer bientôt. Ne vous inquiétez pas.

LA MASDAKISATION

Salarié : D'après la loi, le délai entre deux versements de salaire ne doit pas excéder 1 mois. De plus le non-paiement du salaire est une infraction pénale et vous expose à une amende et au versement de dommages et intérêts. Et je peux rompre mon contrat de travail et vous attaquer en justice.
Employeur : Je vous verse votre salaire tout de suite.

CE QUE DIT **LA LOI**

Conformément à l'article L3242-1 du Code du travail, l'employeur doit **verser le salaire d'un salarié au moins une fois par mois** si ce dernier est mensualisé. Pour les salariés non mensualisés, le paiement doit être effectué au moins deux fois par mois, avec un intervalle maximal de 16 jours entre deux paiements, comme précisé par l'article L3242-3 du Code du travail. Si ces délais ne sont pas respectés, le salaire est considéré comme impayé et constitue une infraction à l'obligation légale de paiement.

Conséquences légales pour l'employeur

Le non-paiement des salaires constitue une infraction pénale en vertu de l'article R3246-1 du Code du travail, exposant l'employeur à une **amende de 450 € pour une personne physique et de 2 250 € pour une personne morale.** Cette sanction met en lumière la gravité du manquement à l'obligation de paiement des salaires.

Recours possibles pour le salarié

Mise en demeure : avant d'entamer des actions judiciaires, le salarié peut adresser une lettre de mise en demeure à son employeur, lui demandant de régulariser le paiement dans un délai précis. Cette étape constitue une formalité préalable à toute action en justice.

Saisine du conseil de prud'hommes : si la mise en demeure reste sans effet, le salarié peut saisir le conseil de prud'hommes. Le délai pour saisir le tribunal est de 3 ans à compter du moment où le salarié a pris connaissance du non-paiement, conformément à l'article L3245-1 du Code du travail.

Rupture du contrat de travail : en cas de non-paiement récurrent et injustifié, le salarié peut décider de prendre acte de la rupture de son contrat de travail, ce qui équivaut à une démission. Toutefois, pour que cette rupture soit validée par le conseil de prud'hommes, elle doit être justifiée par un manquement grave de l'employeur. Si le tribunal reconnaît la rupture comme légitime, le salarié peut prétendre à des indemnités.

EN RÉSUMÉ

En cas de retard ou de non-paiement de salaire, le salarié peut engager plusieurs recours : l'envoi d'une mise en demeure, la saisine du conseil de prud'hommes et, si nécessaire, une prise d'acte de rupture du contrat de travail. Le non-paiement est une infraction pénale, et l'employeur risque des sanctions.

Il est fortement conseillé de conserver toutes les preuves écrites des échanges avec l'employeur, comme les courriels ou lettres recommandées, afin de faciliter les démarches judiciaires. De plus, consulter un avocat spécialisé en droit du travail peut s'avérer essentiel pour déterminer la meilleure stratégie en fonction de la situation.

Vous demandez à vous absenter pour l'échographie de grossesse de votre femme

Salarié : Je serai absent mercredi après-midi. Je vais assister à l'échographie de grossesse de ma femme.

Employeur : Vérifiez d'abord votre solde de congés !

LA MASDAKISATION

Salarié : D'après la loi, j'ai le droit de m'absenter de mon travail pour assister aux échographies de grossesse de ma femme. Et cette absence est rémunérée et n'est pas décomptée des congés.

Employeur : Vous avez raison. C'est accordé.

CE QUE DIT LA LOI

Droit d'absence pour le conjoint

L'article L1225-16 du Code du travail permet au conjoint salarié de la femme enceinte de s'absenter de son travail **pour se rendre à trois examens médicaux obligatoires de suivi de grossesse,** y compris les échographies. Ce droit concerne le père marié, pacsé ou en concubinage.

Échographies obligatoires

Il y a **trois échographies obligatoires** pendant la grossesse :
- L'échographie de datation (avant la fin du 3e mois).
- L'échographie morphologique (au 5e mois).
- La 3e échographie (au 8e mois).

Rémunération et non-décompte des congés

Ces absences n'entraînent aucune diminution de la rémunération et ne sont pas décomptées des congés. Elles sont assimilées à une période de travail effectif pour la détermination de la durée des congés payés ainsi que pour les droits légaux ou conventionnels acquis par le salarié au titre de son ancienneté dans l'entreprise.

Informations complémentaires

Justificatifs : l'employeur peut demander un justificatif de ces absences.

Autres actes médicaux : ce droit s'étend également aux actes médicaux nécessaires dans le cadre d'une assistance médicale à la procréation (AMP).

EN RÉSUMÉ

En tant que futur père, vous avez le droit de vous absenter pour assister aux échographies de grossesse de votre partenaire, sans que cela n'affecte votre rémunération ni ne soit décompté de vos congés. N'hésitez pas à informer votre employeur de ce droit afin d'assurer votre présence lors de ces moments importants.

Vous demandez à votre employeur des jours de congé pour votre mariage

Salarié : Je me marie le mois prochain et je voudrais poser 10 jours de congé après le mariage.

Employeur : Cela ne va pas être possible, car il ne vous reste pas suffisamment de jours.

LA MASDAKISATION

Salarié : D'après la loi, je bénéficie de 4 jours de congé minimum et rémunérés.

Employeur : C'est vrai, mais la convention collective donne droit à 2 jours de congé pour le mariage.

Salarié : Le droit du travail prime sur la convention collective

Employeur : C'est bon, je valide vos congés.

CE QUE DIT LA LOI

Droit au congé pour mariage

L'article L3142-4 du Code du travail dispose que **tout salarié a droit à un congé de 4 jours pour son propre mariage.** Ce congé est également applicable pour la conclusion d'un pacte civil de solidarité (Pacs). Et le Code du travail prime sur la convention collective de l'entreprise quand il est plus favorable pour le salarié.

Conditions d'ancienneté

Il n'y a **pas de condition d'ancienneté pour bénéficier de ce congé.** Cela signifie que tout salarié, qu'il soit en CDI, CDD, intérimaire ou stagiaire, peut en bénéficier dès son intégration dans l'entreprise.

Rémunération et non-décompte des congés

Ce congé est rémunéré comme si le salarié avait travaillé et ne peut pas être déduit des congés payés annuels ou des RTT du salarié.

Jours ouvrables

Les jours de congé pour mariage **sont comptés en jours ouvrables,** sauf dispositions conventionnelles ou collectives plus favorables.

Informations complémentaires

Justificatifs : pour bénéficier de ce congé, le salarié doit en faire la demande à son employeur et fournir un justificatif, tel qu'une copie de l'acte de mariage, à son retour.

Dispositions conventionnelles : certaines conventions collectives peuvent prévoir des conditions et des durées de congé plus avantageuses. Il est donc conseillé de les consulter.

EN RÉSUMÉ

En tant que salarié, vous avez droit à 4 jours de congé rémunérés pour votre mariage, peu importe votre ancienneté dans l'entreprise. Assurez-vous d'en faire la demande auprès de votre employeur et de fournir les justificatifs nécessaires.

Vous êtes apprenti et vous demandez des jours de congé pour réviser vos examens

Apprenti : J'aimerais prendre quelques jours de congé, car j'ai des examens le mois prochain.

Employeur : Impossible, on est en pleine période chargée et puis vous avez écoulé votre stock de congés ! Au pire, prenez des jours sans solde !

LA MASDAKISATION

Apprenti : D'après la loi, les apprentis ont le droit à 5 jours de congé supplémentaires pour révision.

Employeur : C'est bon, c'est bon, vos congés sont accordés.

CE QUE DIT LA LOI

Congés pour révision

Les apprentis ont droit à 5 jours ouvrables de congé supplémentaires pour la préparation de leurs examens. Ces jours doivent être pris dans le mois qui précède les épreuves et sont rémunérés. Cette disposition est prévue par l'article L6222-35 du Code du travail.

Maintien de salaire

Ces 5 jours de congé supplémentaires pour révision donnent **droit au maintien de salaire.** L'employeur ne peut donc pas imposer un congé sans solde pour cette période de révision. En cas de non-respect, l'employeur est passible d'une amende de cinquième classe conformément à l'article R6227-7 du Code du travail.

Exclusions et exceptions

Ces jours de congé supplémentaires sont spécifiques aux apprentis en contrat d'apprentissage et ne s'appliquent pas aux autres types de contrats.

Informations complémentaires

Les apprentis ont également droit aux mêmes congés que les autres salariés, tels que les congés payés annuels, les congés pour événements familiaux (mariage, décès, etc.), et les congés maternité ou paternité.

Étapes à suivre pour faire valoir vos droits

- **Informer l'employeur par écrit** de votre intention de prendre ces jours de congé pour révision, en mentionnant l'article L6222-35 du Code du travail.
- **Conserver une copie de votre demande** et de toute correspondance avec l'employeur pour preuve en cas de litige.
- **Saisir les représentants du personnel ou l'inspection du travail** si l'employeur refuse de respecter vos droits.

EN RÉSUMÉ

Les apprentis ont droit à 5 jours de congé rémunérés pour réviser leurs examens, à prendre dans le mois précédent les épreuves. L'employeur ne peut pas refuser ces congés ou imposer un congé sans solde, sous peine de sanctions.

Vous demandez à votre employeur des congés supplémentaires pour enfants à charge

Salarié : J'aimerais poser 11 jours de congé.

Employeur : Impossible vous êtes arrivé il y a peu de temps : vous n'avez donc acquis que 5 jours de congé pour l'instant.

Salarié : J'ai 3 enfants à charge !

Employeur : Et alors ?

LA MASDAKISATION

Salarié : D'après la loi, tout salarié de plus de 21 ans bénéficie de 2 jours de congé supplémentaires par enfant à charge. J'ai donc le droit à 6 jours en plus !

Employeur : C'est bon, c'est validé.

CE QUE DIT LA LOI

Congés supplémentaires pour enfants à charge

Tout salarié de plus de 21 ans bénéficie de **2 jours de congé supplémentaires par enfant à charge** (article L3141-8 du Code du travail). Cependant, ce droit ne peut avoir pour effet de porter le total des congés payés au-delà de 30 jours ouvrables ou 25 jours ouvrés.

Conditions pour bénéficier des congés supplémentaires

- L'enfant doit vivre au foyer du salarié.
- L'enfant doit avoir moins de 15 ans au 30 avril de l'année en cours.
- Aucune condition d'âge n'est requise si l'enfant est en situation de handicap.

Calcul des jours de congé

Le salarié a droit à 2,5 jours de congé par mois de travail effectif. Pour une année complète, cela représente 30 jours ouvrables ou 25 jours ouvrés. **Les jours supplémentaires pour enfants à charge s'ajoutent aux jours de congé acquis,** dans la limite des 30 jours ouvrables ou 25 jours ouvrés.

Informations complémentaires

Demande de congés : le salarié doit formuler sa demande de congé par écrit ou oralement, en précisant les dates souhaitées et en justifiant de la présence des enfants à charge.
Refus de l'employeur : si l'employeur refuse d'accorder les congés supplémentaires, le salarié peut contester cette décision en saisissant les instances compétentes (inspection du travail, conseil de prud'hommes).

EN RÉSUMÉ

Tout salarié de plus de 21 ans a droit à 2 jours de congé supplémentaires par enfant à charge, dans la limite de 30 jours ouvrables ou 25 jours ouvrés au total. Pour en bénéficier, l'enfant doit vivre avec le salarié et être âgé de moins de 15 ans, sauf si l'enfant est en situation de handicap. Si votre employeur refuse ces congés, vous pouvez contester cette décision.

Vous demandez des congés lors de votre première année d'embauche

Salarié : J'aimerais prendre 3 jours de congé.

Employeur : Impossible ! Vous venez d'arriver, vous ne pouvez pas prendre de jours de congé lors de votre première année d'embauche !

LA MASDAKISATION

Salarié : D'après la loi, les congés peuvent être pris dès l'embauche. Je n'ai pas besoin d'attendre un an pour prendre des congés

Employeur : Vous avez raison.

CE QUE DIT LA LOI

Droit aux congés payés dès l'embauche

Tout salarié, quel que soit son type de contrat (CDI, CDD, intérim), a droit à des congés payés dès son embauche (article L3141-12 du Code du travail). La loi Travail du 8 août 2016 permet, avec l'accord de l'employeur, de prendre les congés acquis par anticipation, sans attendre le début de la période de référence suivante.

Calcul des congés payés

Les congés payés sont calculés à raison de 2,5 jours ouvrables par mois de travail effectif, soit **30 jours ouvrables** (5 semaines) **pour une année complète de travail.** Certaines absences, telles que celles dues à la maladie, à un accident du travail ou à la maternité, sont également prises en compte pour le calcul des jours de congé.

Période de prise des congés

La période de prise des congés payés est **fixée par la convention collective ou un accord d'entreprise.** En l'absence de convention ou d'accord, c'est l'employeur qui détermine la période et l'ordre des départs, après consultation du comité social et économique (CSE). L'employeur doit informer les salariés de la période de prise de congés au moins 2 mois avant l'ouverture de cette période, et les dates de départ en congé doivent être communiquées au moins 1 mois à l'avance.

Informations complémentaires

Réclamation : si l'employeur refuse de manière injustifiée les congés demandés, le salarié peut adresser une réclamation par lettre recommandée avec accusé de réception.

Médiation : en cas de conflit persistant, le salarié peut saisir l'inspection du travail pour une médiation.

EN RÉSUMÉ

Dès son embauche, tout salarié a droit à des congés payés sans avoir à attendre un an. Les congés sont calculés à 2,5 jours par mois, et leur période de prise est régie par la convention collective ou déterminée par l'employeur. Si l'employeur refuse injustement des congés, le salarié peut faire une réclamation et solliciter l'inspection du travail en cas de conflit.

Votre employeur ne répond pas à votre demande de congés

Employeur : Où êtes-vous ? J'ai besoin de vous pour les slides.

Salarié : Je suis à l'aéroport. Ce sont mes congés. Vous m'aviez donné votre accord verbal et j'ai mis mes dates dans l'outil comme vous me l'aviez demandé.

Employeur : Mais je n'ai rien validé. C'est un abandon de poste !

LA MASDAKISATION

Salarié : Vous n'avez pas répondu à ma demande de congés. D'après la loi, votre silence vaut acceptation.

Employeur : C'est bon. Profitez de vos vacances.

CE QUE DIT **LA LOI**

Lorsqu'un salarié demande des congés et n'obtient pas de réponse de l'employeur, il est protégé par la règle qui considère **le silence de l'employeur comme une acceptation de cette demande.** Le salarié ne peut être sanctionné pour absence si son employeur ne répond pas, à moins qu'une règle interne ou une convention exige une autorisation expresse. Cette règle a été confirmée par la Cour de cassation le 6 avril 2022 (pourvoi n° 20-22055).

Contexte d'application de la règle

Cette règle s'applique dans les situations suivantes.

Demande de congés : le salarié effectue une demande de congés, orale ou écrite.

Absence de réponse : en l'absence de réponse de l'employeur, le salarié peut présumer que sa demande est acceptée.

Règles internes : cette présomption s'applique sauf si une disposition dans le règlement ou un accord d'entreprise exige une réponse explicite.

Démarches et étapes pratiques

Formuler la demande de congés : idéalement, faites une demande écrite pour en garder une preuve.

Attendre la réponse : en cas de silence de l'employeur au bout d'un délai raisonnable, considérez la demande comme acceptée.

Conserver des preuves : gardez une copie de la demande et notez la date d'envoi.

Contester une sanction : si une sanction est imposée pour absence, vous pouvez la contester en rappelant la présomp tion d'acceptation.

Risques et conséquences en cas de non-respect

Si un employeur sanctionne un salarié pour absence après une demande de congés sans réponse, **la sanction peut être requalifiée en licenciement abusif.** Le salarié peut alors demander des indemnités pour rupture injustifiée.

Exemple de jurisprudence

Dans une affaire du 6 avril 2022, un salarié, ayant demandé un congé sans réponse de son employeur, a été sanctionné pour absence injustifiée. La Cour de cassation a donné raison au salarié, confirmant que son absence n'était pas fautive en l'absence de réponse expresse.

EN RÉSUMÉ

Un salarié peut considérer sa demande de congés comme acceptée si l'employeur ne répond pas, et ne peut être sanctionné pour absence. Pour prévenir les litiges, il est conseillé de faire des demandes écrites et de conserver des preuves.

Votre employeur vous refuse les jours de congé de votre arrêt maladie

Salarié : Je viens de recevoir ma fiche de paie et il me manque 4 jours de congé payés.

Employeur : C'est normal, vous étiez en arrêt maladie non professionnelle pendant 2 mois. Vous ne cumulez pas de jours de congé pendant cette période.

LA MASDAKISATION

Salarié : Les arrêts maladie non professionnelle sont considérés comme une période de travail effective et, d'après la loi, le salarié acquiert 2 jours de congé payés pendant un arrêt maladie non professionnelle.

Employeur : C'est bon, vous raison. Je vous les redonne.

CE QUE DIT LA LOI

Depuis le 24 avril 2024, **les périodes d'arrêt maladie non professionnelle sont assimilées à du temps de travail effectif pour l'acquisition de congés payés.** Ainsi, un salarié en arrêt maladie non professionnelle cumule 2 jours ouvrables de congé par mois, dans la limite de 24 jours par période de référence (article L3141-5-1 du Code du travail).

Contexte d'application de la règle

Cette règle s'applique dans les situations suivantes.

Arrêt maladie non professionnelle : concerne les arrêts pour maladie d'origine non professionnelle.

Acquisition de congés : pendant l'arrêt, le salarié continue d'accumuler des congés payés.

Démarches et étapes pratiques

Vérification des droits : le salarié doit s'assurer que ses droits à congés payés apparaissent bien sur sa fiche de paie, y compris ceux acquis pendant l'arrêt maladie.

Communication avec l'employeur : en cas de désaccord, il est conseillé de rappeler à l'employeur les dispositions légales.

Recours en cas de refus : si l'employeur ne respecte pas la règle, le salarié peut demander l'assistance d'un représentant du personnel ou d'un syndicat pour obtenir la régularisation de sa situation.

Risques et conséquences en cas de non-respect

Le refus de l'employeur d'accorder les congés payés acquis pendant l'arrêt maladie constitue **une violation des droits du salarié.** Ce dernier peut alors exiger la régularisation et, si nécessaire, saisir le tribunal pour faire valoir ses droits.

Exemple et jurisprudence

La loi du 22 avril 2024 a aligné la législation française sur le droit européen, confirmant que les arrêts maladie non professionnelle ouvrent droit à des congés payés. La Cour de justice de l'Union européenne avait déjà affirmé ce principe pour garantir les droits des salariés, même en cas d'absence pour maladie.

EN RÉSUMÉ

Un salarié en arrêt maladie non professionnelle acquiert des congés payés et l'employeur ne peut refuser ces jours. Il est conseillé au salarié de conserver des documents prouvant ses droits pour éviter toute contestation. En cas de conflit, l'assistance d'un représentant du personnel ou d'un avocat peut s'avérer utile pour faire respecter ses droits.

Vous souhaitez donner des jours de congé à un collègue

Salarié : Je donne 3 jours de congé à mon collègue qui n'en a plus pour qu'il puisse s'occuper d'un parent en perte d'autonomie.

Employeur : Ce n'est pas possible. Il n'a qu'à prendre des congés sans solde.

LA MASDAKISATION

Salarié : J'ai tout à fait le droit de donner mes jours de congé à mon collègue et tout le monde peut lui donner des jours pour s'occuper d'un parent proche ou d'un enfant gravement malade.

Employeur : Ok, c'est bon.

CE QUE DIT LA LOI

Don de jours de congé entre collègues

Depuis la loi n° 2014-459 du 9 mai 2014 (dite « loi Mathys »), il est possible pour un salarié de faire don de ses jours de repos non pris à un collègue dans le besoin. Ce dispositif, initialement prévu pour soutenir les parents d'enfants gravement malades, a été élargi en 2018 pour inclure les salariés aidants s'occupant de proches en perte d'autonomie ou handicapés, étendu également aux agents publics civils grâce au décret n° 2018-874.

Qui peut donner et recevoir ?

- **Donateur :** tout salarié, peu importe son contrat (CDI ou CDD), peut donner ses jours, à condition d'avoir conservé le minimum légal de 24 jours de congés annuels.
- **Bénéficiaire :** le collègue aidé doit être parent d'un enfant gravement malade, en situation de handicap ou victime d'un accident, ou être proche aidant d'une personne âgée ou en perte d'autonomie (taux d'incapacité d'au moins 80 %).

Types de jours concernés

- Congés annuels au-delà des 24 jours légaux.
- RTT, jours de récupération ou jours d'un compte épargne-temps.

Ces jours doivent être disponibles (pas d'anticipation sur des jours futurs), et leur don est soumis à l'accord de l'employeur.

Conditions pour le bénéficiaire

- Le salarié bénéficiaire conserve son salaire intégral et ses droits (ancienneté, congés).
- La période d'absence est comptée comme temps de travail effectif.

Exceptions et obligations

- L'accord de l'employeur est indispensable.
- Les jours offerts sont transférés de façon anonyme, sauf si le donateur souhaite être identifié.

EN RÉSUMÉ

Les salariés peuvent céder leurs jours de congé inutilisés pour aider un collègue en difficulté, dans le cadre d'un dispositif légal qui soutient les parents d'enfants malades et les aidants familiaux. L'accord de l'employeur est requis, et seuls certains types de congés sont éligibles au don. Cette initiative, fondée sur la solidarité, permet au salarié bénéficiaire de continuer à percevoir son salaire tout en soutenant ses proches.

Vous demandez à votre employeur des jours de congé pour le décès de votre fils

Salarié : Je viens de perdre mon fils dans un accident de voiture, il avait 18 ans. Je vais poser 3 semaines de congé.

Employeur : Je crains que cela ne soit pas possible, vous n'avez pas assez de jours de congé. Vous pouvez évidemment les prendre sans solde.

LA MASDAKISATION

Salarié : D'après le Code du travail, j'ai droit à 14 jours de congé, car mon fils avait moins de 25 ans et était à ma charge. À cela s'ajoute un congé de 2 à 8 jours. Je peux donc partir avec 22 jours de congé rémunérés.

Employeur : Je ne savais pas. Vous pouvez partir en congé.

CE QUE DIT LA LOI

En cas de décès d'un enfant, le **Code du travail accorde des droits spécifiques en matière de congés.** Selon l'article L3142-4, le salarié bénéficie de 12 jours de congé pour le décès d'un enfant. Si l'enfant est âgé de moins de 25 ans, ce droit est porté à 14 jours. En outre, l'article L3142-1-1 prévoit un congé de deuil supplémentaire de 8 jours, que le salarié peut prendre dans un délai d'un an suivant le décès de l'enfant.

Détails des droits

Congé pour décès d'un enfant : 14 jours de congé rémunéré si l'enfant décédé avait moins de 25 ans.

Congé de deuil : 8 jours supplémentaires de congé de deuil, pouvant être pris dans l'année suivant le décès, portant le total à 22 jours de congé rémunérés.

Rémunération : ces jours de congé sont comptés comme des jours de travail effectif et doivent donc être rémunérés.

EN RÉSUMÉ

En cas de décès d'un enfant de moins de 25 ans, le salarié a droit à 22 jours de congé rémunérés conformément au Code du travail. Ces congés ne peuvent être refusés par l'employeur, et un justificatif tel qu'un certificat de décès doit être fourni pour officialiser la demande de congé. En cas de refus de l'employeur, le salarié peut lui rappeler ses droits, ou se tourner vers un représentant du personnel ou un avocat spécialisé pour les faire respecter.

Votre entreprise vous impose des congés pendant sa fermeture

Employeur : Nous fermons l'entreprise du 24 décembre au 1er janvier. Vous devez donc poser vos congés.

Salarié : Je ne peux pas, je n'ai pas suffisamment de jours de congé.

LA MASDAKISATION

Employeur : Je vous ai informé de la période de prise de congé il y a plus de 2 mois donc je suis en accord avec le Code du travail.

Salarié : D'accord, je pose des congés sans solde.

Employeur : Oui, mais si vous étiez au chômage avant que je vous embauche et que vous bénéficiez de l'ARE ou de l'ASS, vous pouvez bénéficier d'une aide financière durant l'intégralité de la fermeture de l'entreprise. Vous devez faire la demande auprès de France Travail.

Salarié : Merci beaucoup.

CE QUE DIT LA LOI

L'article D3141-5 du Code du travail prévoit que l'employeur doit informer les salariés de la période de prise des congés payés au moins 2 mois avant le début de cette période. En cas de fermeture de l'entreprise pendant cette période, tous les salariés doivent poser leurs congés.

Contexte d'application

Si un salarié dispose de suffisamment de jours de congé acquis, ceux-ci seront indemnisés aux conditions habituelles. En revanche, si le salarié n'a pas accumulé assez de jours de congé, **il peut être contraint de poser des jours sans solde pendant la fermeture.**

Options pour le salarié

Demande d'aide financière : si le salarié bénéficiait de l'allocation d'aide au retour à l'emploi (ARE) ou de l'allocation de solidarité spécifique (ASS) avant son embauche, il peut solliciter une aide financière auprès de France Travail pour compenser les jours de fermeture non couverts par des congés payés.
Congés payés par anticipation : le salarié peut demander à son employeur de prendre des congés par anticipation, mais l'employeur n'est pas tenu d'accepter cette demande. En cas de refus, le salarié devra poser un congé sans solde.

Risques et conséquences en cas de non-respect

Si l'employeur ne respecte pas le délai d'information ou impose des congés sans se conformer aux droits des salariés, **des litiges peuvent en découler.** Néanmoins, dans le cadre d'une fermeture annuelle, l'employeur peut imposer des congés sans obtenir l'accord individuel des salariés, dès lors que le délai d'information est respecté.

EN RÉSUMÉ

Si votre employeur impose des congés pendant la fermeture de l'entreprise et que vous n'avez pas assez de jours de congé acquis, vous pouvez demander une aide à France Travail si vous étiez inscrit au chômage avant votre embauche. Vous pouvez aussi solliciter des congés payés par anticipation, sous réserve de l'accord de l'employeur. Il est conseillé de vérifier vos droits et de garder toutes les communications avec votre employeur concernant cette situation.

Vous demandez à disposer de vos jours de fractionnement

Salarié : Je souhaiterais poser 10 jours de congé.

Employeur : Ce n'est pas possible. Il ne vous reste que 8 jours de congé à poser.

LA MASDAKISATION

Salarié : Je n'ai pas pris mon congé principal (4 semaines) dans sa totalité durant la période de prise de congés légale (1er mai au 31 octobre) et mon nombre de congés non pris est supérieur à 6 jours. Donc j'ai le droit à 2 jours supplémentaires, les jours de fractionnement.

Employeur : Vous avez raison, c'est validé.

CE QUE DIT LA LOI

Un salarié a droit à 5 semaines de congés payés par an. Sur ces 5 semaines, **4 doivent être prises durant la période légale de congés,** qui s'étend du 1er mai au 31 octobre (article L3141-13 du Code du travail). Si le salarié n'a pas pris la totalité de son congé principal durant cette période, il peut bénéficier de jours de fractionnement, qui sont des jours de congé supplémentaires.

Conditions (article L3141-23 du Code du travail)

Pour obtenir des jours de fractionnement, le salarié doit :

– Avoir acquis au moins 15 jours de congé payés.

– Avoir pris au moins 12 jours de congé entre le 1er mai et le 31 octobre.

– Avoir un reliquat d'au moins 3 jours de congé non pris.

Calcul des jours de fractionnement

Le nombre de jours de fractionnement auxquels le salarié a droit est calculé comme suit :

– 0 jour supplémentaire si le reliquat est inférieur à 3 jours.

– 1 jour supplémentaire si le reliquat est compris entre 3 et 5 jours.

– 2 jours supplémentaires si le reliquat est supérieur à 6 jours.

EN RÉSUMÉ

Vous devez remplir les conditions pour revendiquer vos jours de fractionnement. Renseignez-vous auprès de votre service RH. En cas de contestation de votre employeur, vous pouvez lui rappeler les dispositions du Code du travail relatives au fractionnement des congés payés.

Vous demandez à votre employeur un congé paternité, mais vous n'avez pas un an d'ancienneté

Salarié : Je vais poser un congé paternité.

Employeur : Félicitations, mais ce ne n'est pas possible, vous n'avez pas un an d'ancienneté.

LA MASDAKISATION

Salarié : Le congé paternité doit être accordé, quel que soit le contrat de travail et sans condition d'ancienneté. Et comme je respecte le délai de prévenance, vous devez me l'accorder.

Employeur : C'est bon, j'accepte.

CE QUE DIT LA LOI

Après la naissance de l'enfant, le père salarié, ainsi que le conjoint ou concubin salarié de la mère, ou toute personne salariée liée à elle par un pacte civil de solidarité, a droit à **un congé de paternité et d'accueil de l'enfant.** Ce congé est accordé sans condition d'ancienneté, quel que soit le type de contrat de travail (CDI, CDD, etc.). Il dure 25 jours calendaires en cas de naissance unique et 32 jours calendaires en cas de naissances multiples (article L1225-35 du Code du travail).

Suspension du contrat de travail

Le congé de paternité entraîne la suspension du contrat de travail pendant toute sa durée.

Composition du congé

- Une période de **4 jours calendaires consécutifs,** débutant immédiatement après le congé de naissance prévu par les articles L3142-1 et L1225-35 du Code du travail.
- **Une période de 21 jours calendaires,** augmentée à 28 jours calendaires en cas de naissances multiples.

Délai de prévenance

L'employeur doit être informé des éléments suivants.

- La date prévisionnelle de l'accouchement.
- Les dates de prise du congé et la durée des périodes de congé (article D1225-8 du Code du travail).
- Le délai dans lequel les jours de congé doivent être pris.
- Les modalités de fractionnement des périodes de congé.

Ces délais doivent être fixés par décret et sont compris entre 15 jours et 2 mois.

Prolongation en cas d'hospitalisation

Par dérogation aux règles précédentes, si l'état de santé de l'enfant nécessite une hospitalisation immédiate après la naissance dans une unité de soins spécialisée, la **période de 4 jours consécutifs de congé peut être prolongée,** à la demande du salarié, **pendant toute la durée de l'hospitalisation,** dans la limite d'une durée maximale déterminée par décret.

Conséquences en cas de non-respect

Si votre employeur ne respecte pas ces règles, vous avez la possibilité de faire valoir vos droits **en saisissant le conseil de prud'hommes.**

EN RÉSUMÉ

Le congé de paternité est un droit inconditionnel pour tous les pères salariés, avec des conditions précises de prise et de prévenance. Veillez à respecter les délais imposés et à conserver tous les échanges avec votre employeur concernant ce congé pour vous protéger en cas de litige. N'hésitez pas à rappeler à votre employeur ses obligations légales relatives au congé de paternité et d'accueil de l'enfant.

Vous demandez des jours de congé pour le décès de votre frère

Salarié : Mon frère est décédé. Par conséquent, je vais poser 3 jours de congé.

Employeur : Je crains que cela ne soit pas possible, vous n'avez pas assez de jours de congé. Vous pouvez évidemment les prendre sans solde.

LA MASDAKISATION

Salarié : Un salarié qui perd un frère ou une sœur a droit, au minimum, à 3 jours de congé, payés normalement.

Employeur : Je ne savais pas. Vous pouvez partir en congé.

CE QUE DIT LA LOI

Selon l'article L3142-4 du Code du travail, un salarié a droit à **3 jours de congé en cas de décès de son frère ou de sa sœur.** Ce droit s'applique sans condition d'ancienneté.

Rémunération des jours de congé

Ces jours de congé sont payés normalement, comme s'ils avaient été travaillés. Par conséquent, l'employeur ne peut pas obliger le salarié à prendre ces jours sans solde.

Justificatif

Le salarié doit **informer son employeur de son absence et fournir un justificatif,** tel qu'un acte de décès, pour pouvoir bénéficier de ce congé.

Convention collective

Il est également important de noter que certaines conventions collectives peuvent prévoir des dispositions plus favorables, offrant des jours de congé supplémentaires ou des conditions spécifiques.

EN RÉSUMÉ

Vous avez droit à 3 jours de congé rémunérés en cas de décès de votre frère ou sœur. L'employeur ne peut pas refuser ce congé ni demander au salarié de le prendre sans solde. Il est essentiel de rappeler à votre employeur ses obligations légales en matière de congé pour décès et de vérifier si des dispositions plus favorables sont prévues par votre convention collective.

Votre employeur vous refuse votre repos hebdomadaire

Salarié : Je voulais vous parler de mon jour de repos cette semaine.

Employeur : Oui, je suis désolé, mais on a beaucoup de travail en ce moment. Je vais avoir besoin de vous dimanche.

LA MASDAKISATION

Salarié : D'après la loi, chaque salarié a droit à un repos hebdomadaire d'au moins 24 heures consécutives, auquel s'ajoutent les 11 heures de repos quotidien. Ce repos hebdomadaire est obligatoire. Des dérogations existent, mais elles sont strictement encadrées et doivent être justifiées.

Employeur : D'accord, je vais revoir le planning.

CE QUE DIT **LA LOI**

Chaque salarié a droit à un **repos hebdomadaire d'au moins 24 heures consécutives,** auquel s'ajoutent les 11 heures de repos quotidien (articles L3132-1 et L3131-1 du Code du travail). Le repos hebdomadaire est généralement accordé le dimanche, mais des dérogations peuvent être prévues par la loi ou par convention collective.

Application pratique

Dérogations encadrées : les dérogations au repos dominical doivent être justifiées par des nécessités de service ou des contraintes spécifiques à certains secteurs d'activité. Elles doivent être encadrées par des accords collectifs ou des autorisations administratives.

Compensation : en cas de dérogation, des compensations doivent être prévues pour les salariés concernés, telles que des jours de repos supplémentaires ou des majorations de salaire.

Informations complémentaires

Contrôles et sanctions : l'inspection du travail est chargée de veiller au respect des dispositions relatives au repos hebdomadaire. En cas de non-respect, des sanctions peuvent être appliquées à l'employeur.

Réclamation et médiation : en cas de litige avec l'employeur concernant le repos hebdomadaire, le salarié peut saisir le conseil de prud'hommes pour faire valoir ses droits.

EN RÉSUMÉ

Chaque salarié a droit à un repos hebdomadaire de 24 heures consécutives, avec des dérogations possibles, mais encadrées. En cas de refus injustifié, le salarié peut contester cette décision auprès de l'inspection du travail ou du conseil de prud'hommes.

Vous êtes en CDD et vous posez votre démission

Salarié : Je vous remets ma démission.

Employeur : Vous souhaitez donc mettre fin à votre CDD, c'est ça ? Mais je refuse.

Salarié : Vous ne pouvez pas vous y opposer.

LA MASDAKISATION

Employeur : Vous avez raison dans le cas d'un contrat à durée indéterminée (CDI). Or, vous êtes en CDD qui ne peut être rompu avant son terme par le salarié que s'il arrive à justifier de la conclusion d'un CDI.

Salarié : OK. Alors, je suis obligé de rester.

CE QUE DIT LA LOI

En principe, **le contrat de travail à durée déterminée (CDD) ne peut être rompu avant l'échéance de son terme qu'en cas de faute grave,** de force majeure ou d'inaptitude constatée par le médecin du travail (article L1243-1 du Code du travail). Toutefois, l'article L1243-2 du même code prévoit qu'un salarié peut rompre son CDD de manière anticipée s'il justifie de la conclusion d'un contrat à durée indéterminée (CDI).

Contexte d'application

Cette règle s'applique lorsqu'un salarié en CDD trouve un emploi en CDI. Dans ce cas, il peut rompre son CDD sans que cela soit considéré comme une faute, à condition de **fournir un justificatif de son embauche en CDI.** En revanche, si le salarié ne peut pas justifier de cette embauche, la rupture ne sera pas considérée comme valable.

Démarches et étapes pratiques

Pour rompre un CDD en raison d'une embauche en CDI, le salarié doit :

– **Informer son employeur par écrit** de sa volonté de rompre le contrat.

– Fournir un **justificatif de son embauche en CDI,** tel qu'une promesse d'embauche ou un contrat de travail.

– **Respecter un préavis** dont la durée maximale est de 2 semaines, calculée à raison d'un jour par semaine de travail (article L1243-2 du Code du travail).

Risques et conséquences en cas de non-respect

Si le salarié rompt son CDD sans justification valable, il peut être **amené à verser des dommages et intérêts à son employeur** pour le préjudice subi. En revanche, si la rupture est motivée par une embauche en CDI, aucune sanction financière ne peut être appliquée.

Exemple concret

Dans un arrêt de la Cour de cassation du 24 juin 2020, la Cour a jugé qu'une salariée ne pouvait pas revenir sur sa démission d'un CDD après avoir changé d'avis, car sa lettre de démission était claire et non équivoque (Cass. Soc. 24 juin 2020 n° 18-24.975).

EN RÉSUMÉ

Un salarié en CDD peut rompre son contrat s'il justifie d'une embauche en CDI. Il est recommandé de formaliser cette rupture par écrit et de conserver une copie du justificatif d'embauche pour éviter tout litige. Avant de démissionner, le salarié doit s'assurer de remplir toutes les conditions afin d'éviter des conséquences financières.

Vous avez été embauché en CDD et vous n'avez pas reçu votre contrat de travail

Employeur : Je vous embauche pour un CDD de 6 mois et vous recevrez votre contrat de travail ultérieurement.

Quelques jours plus tard…

Salarié : Je n'ai toujours pas reçu mon contrat alors que je travaille depuis quelques jours.

Employeur : On a déjà tout réglé ensemble oralement…

LA MASDAKISATION

Salarié : Vous pouvez déjà requalifier mon CDD en CDI, car, pour qu'une embauche soit licite, le contrat de travail doit être établi et signé par les deux parties et délivré dans les 48 h suivant l'embauche.

Employeur : C'est bon, je vous embauche en CDI.

CE QUE DIT LA LOI

L'article L1242-13 du Code du travail précise que « le contrat de travail est transmis au salarié, au plus tard, dans les 2 jours ouvrables suivant l'embauche. »

Contexte d'application

Si l'employeur ne remet pas le contrat dans les 2 jours, le salarié peut solliciter la requalification de son CDD en CDI. Bien que le simple retard dans la remise du contrat ne suffise pas à justifier cette requalification, il ouvre droit pour le salarié à une indemnisation. En revanche, le CDD doit obligatoirement être écrit, rédigé en français, et signé par le salarié. Si ces conditions ne sont pas respectées, le juge peut requalifier le CDD en CDI, comme le prévoit l'article L1242-12, qui dispose qu'un contrat sans écrit est à durée indéterminée.

Démarches et étapes pratiques

– **Informer l'employeur du manquement** et exiger la remise du contrat.

– **Saisir le conseil de prud'hommes si l'employeur persiste** dans le non-respect des obligations. La demande de requalification est alors portée devant le bureau de jugement qui statue sous 1 mois (article L1245-2 du Code du travail).

Risques et conséquences en cas de non-respect

En cas de requalification décidée par le conseil de prud'hommes, l'employeur devra verser au salarié une **indemnité d'au moins 1 mois de salaire.** Le manquement à l'obligation de remise du contrat **peut entraîner des sanctions pénales.**

Exemple concret

Dans un arrêt de la Cour de cassation du 31 janvier 2018, l'absence de signature sur un CDD a été jugée équivalente à l'absence d'un contrat écrit, ouvrant ainsi droit à la requalification en CDI (Cass. Soc. 31 janvier 2018 n° 17-13.131).

EN RÉSUMÉ

Si un contrat de travail à durée déterminée (CDD) n'est pas remis dans les 48 heures suivant l'embauche, le salarié peut demander sa requalification en contrat à durée indéterminée (CDI). Toutefois, le retard seul ne suffit pas : d'autres éléments probants démontrant un manquement de l'employeur sont nécessaires. Il est essentiel de conserver les preuves de communication avec l'employeur et de formaliser les démarches par écrit. En cas de litige, le conseil de prud'hommes peut être saisi.

Votre promesse d'embauche n'est pas respectée

Employeur : Votre candidature a été retenue. Signez cette promesse d'embauche et dans 3 mois, vous êtes parmi nous.

3 mois plus tard.

Salarié : J'étais censé commencer aujourd'hui, mais je n'ai toujours pas reçu le contrat de travail.

Employeur : En fait, je n'ai plus besoin de vous.

LA MASDAKISATION

Salarié : Une promesse d'embauche correspond à une promesse unilatérale de contrat de travail. Comme vous vous êtes rétracté sans motif légitime, je peux vous demander des dommages et intérêts pour rupture abusive et une indemnité compensatrice de préavis.

Employeur : Non, ne faites pas cela. Je vous embauche.

CE QUE DIT LA LOI

La promesse d'embauche peut être considérée comme un engagement unilatéral de l'employeur à conclure un contrat de travail. Selon la jurisprudence, notamment les arrêts de la Cour de cassation du 21 septembre 2017 (Cass. Soc. 21 septembre 2017 n° 16-20103 et n° 16-20104), **la promesse d'embauche engage l'employeur dès son émission,** à condition qu'elle contienne les éléments essentiels du contrat de travail (emploi, rémunération, date d'entrée en fonction).

Contexte d'application de la règle

Promesse unilatérale : si l'employeur a fait une promesse unilatérale de contrat de travail, il ne peut pas se rétracter pendant le délai laissé au candidat pour accepter cette promesse. En cas de rétractation sans motif légitime, cela peut être considéré comme une rupture abusive.

Offre d'embauche : à l'inverse, une simple offre d'embauche peut être librement rétractée tant qu'elle n'a pas été acceptée par le candidat.

Conséquences en cas de non-respect

Si l'employeur se rétracte d'une promesse d'embauche sans motif légitime, **le candidat peut demander des dommages et intérêts pour rupture abusive.** Cela inclut également une indemnité compensatrice de préavis, si cela est prévu dans la promesse. Le candidat peut saisir le conseil de prud'hommes pour faire valoir ses droits.

Exemples concrets ou jurisprudence

La jurisprudence a établi que la rupture d'une promesse d'embauche sans motif légitime est assimilée à un licenciement sans cause réelle et sérieuse, ce qui donne droit à des réparations (Cass. Soc. 15 décembre 2010).

EN RÉSUMÉ

Une promesse d'embauche a la valeur d'un contrat de travail si elle est suffisamment précise et engage l'employeur. Si celui-ci se rétracte sans motif légitime, le candidat peut demander des dommages et intérêts. Il est donc crucial de conserver une copie de la promesse d'embauche et de documenter toute communication avec l'employeur pour soutenir une éventuelle réclamation.

Votre futur employeur contacte votre ancien patron pour avoir des références professionnelles

Candidat : Je n'ai toujours pas eu de retour de votre part. Vous deviez me confirmer mon embauche suite à notre entretien.

Recruteur : J'ai pris quelqu'un d'autre car j'ai appelé votre ancien manager qui m'a révélé quelques informations sur vous qui m'ont fait changer d'avis.

LA MASDAKISATION

Candidat : Je n'ai pas donné mon accord, donc vous n'aviez pas le droit de contacter mon ancien employeur.

Recruteur : C'est bon, je ne veux pas de problème, donc je vous embauche.

CE QUE DIT LA LOI

Conformément à l'article L1221-9 du Code du travail, aucune information personnelle concernant un candidat à un emploi ne peut être collectée par un dispositif qui n'a pas été préalablement porté à sa connaissance. Cela signifie que **le recruteur doit obtenir le consentement explicite du candidat avant de contacter son ancien employeur** et que le recueil d'informations ne doit pas être réalisé à l'insu du candidat.

Manœuvre déloyale

Le fait pour un recruteur de contacter l'ancien employeur d'un candidat sans son accord constitue **une manœuvre déloyale.** Cette pratique va à l'encontre des principes de transparence et de respect de la vie privée du candidat.

EN RÉSUMÉ

Un recruteur n'a pas le droit de contacter un ancien employeur pour obtenir des références professionnelles sans l'accord préalable du candidat. Si cela se produit, le candidat peut affirmer que ses droits ont été violés et envisager des actions pour protéger sa vie privée et ses intérêts. Il est crucial de rappeler aux recruteurs leurs obligations légales en matière de collecte d'informations.

Votre employeur vous reproche de ne pas lui avoir annoncé que vous êtes enceinte

Employeur : Vous ne m'avez pas prévenu pendant l'entretien d'embauche que vous étiez enceinte. C'est inadmissible.

Salariée : Je n'étais pas tenue de vous le dire.

Employeur : Je mets fin à votre période d'essai.

LA MASDAKISATION

Salariée : D'après la loi, je ne suis pas obligée de vous annoncer que je suis enceinte. En revanche, je vous préviendrai en temps voulu de mon départ en congé maternité. De plus vous ne pouvez pas prendre en considération mon état pour rompre ma période d'essai.

Employeur : OK. Je vous garde.

CE QUE DIT LA LOI

Une salariée n'a aucune obligation de notifier son état de grossesse à son employeur, que ce soit au moment de l'embauche ou pendant l'exécution de son contrat de travail (article L1125-2 du Code du travail). L'employeur ne peut pas non plus chercher ou obtenir d'information concernant l'état de grossesse d'une salariée, sauf si cette dernière décide de le lui révéler (article L1225-1 du Code du travail).

Protection contre le licenciement

Licenciement pendant la période d'essai : l'état de grossesse ne peut pas être un motif de licenciement, même pendant la période d'essai. Si l'employeur met fin à la période d'essai en raison de la grossesse de la salariée, il s'agit d'une discrimination interdite par les articles L1132-1 et L1142-1 du Code du travail. Cette discrimination peut entraîner des sanctions pour l'employeur.

Sanctions en cas de licenciement abusif : si une salariée peut démontrer que son licenciement est lié à son état de grossesse, elle peut demander des dommages et intérêts pour discrimination et réclamer sa réintégration dans l'entreprise, comme le précise la jurisprudence de la Cour de cassation (Cass. Soc. 21 décembre 2006, n° 05-44.806).

EN RÉSUMÉ

Une salariée enceinte n'a pas l'obligation d'informer son employeur de sa grossesse, ni au moment de l'embauche ni en cours de contrat. Si elle est licenciée pendant la période d'essai en raison de sa grossesse, cela constitue une discrimination. La salariée peut revendiquer ses droits en demandant des réparations et en sollicitant éventuellement sa réintégration.

Attention

Pour bénéficier de certains droits liés à la grossesse (comme les absences pour examens médicaux sans perte de salaire et la réduction du temps de travail), la salariée doit en informer son employeur. Elle doit aussi informer son employeur avant son départ en congé maternité.

À votre retour en entreprise, votre employeur vous demande les raisons de votre arrêt

Employeur : Vous voilà enfin revenu au travail. Qu'est-ce qui vous est arrivé ? Dites-moi.

LA MASDAKISATION

Salarié : Vous n'avez pas à connaître les raisons de cet arrêt. Cela relève de la sphère privée et d'après le Code du travail aucun salarié ne peut être sanctionné en raison de son état de santé.

Employeur : C'est bon, c'est bon.

CE QUE DIT **LA LOI**

Conformément à l'article L1132-1 du Code du travail, **aucun salarié ne peut être sanctionné en raison de son état de santé.** Cela signifie que l'employeur ne peut pas utiliser les informations relatives à votre état de santé pour justifier une sanction ou un licenciement.

Droit à la vie privée

Votre état de santé relève de la sphère privée. **Vous n'êtes pas obligé de divulguer les raisons de votre arrêt de travail à votre employeur.** En effet, la loi protège les salariés contre toute forme de discrimination liée à leur état de santé.

Limites et exceptions

Obligation d'information : bien que vous ne soyez pas tenu de fournir des détails sur votre état de santé, il est important de signaler à votre employeur que vous êtes apte à reprendre le travail, surtout si un certificat médical a été délivré.

Cas particuliers : dans certaines situations, comme un accident du travail ou une maladie professionnelle, des informations peuvent être nécessaires pour la gestion des risques au sein de l'entreprise, mais cela doit être fait dans le respect de votre vie privée.

Conséquences en cas de non-respect

Si votre employeur insiste pour connaître les raisons de votre arrêt et que cela entraîne des sanctions, **cela pourrait constituer une violation de vos droits.** Vous pourriez alors envisager de porter plainte pour discrimination ou harcèlement.

EN RÉSUMÉ

Votre employeur n'a pas le droit de vous demander des explications sur les raisons de votre arrêt de travail, car cela touche à votre vie privée et à votre état de santé, qui sont protégés par la loi. Si vous êtes confronté à des pressions à ce sujet, il est conseillé de rappeler vos droits et, si nécessaire, de consulter un représentant du personnel ou un avocat spécialisé en droit du travail pour obtenir des conseils adaptés à votre situation. Conservez également tous les échanges relatifs à cette demande pour vous protéger en cas de litige.

Vous subissez une visite de contrôle lors d'un arrêt de travail

Salarié : J'ai reçu un avis de passage d'un médecin mandaté par vous pour une visite de contrôle liée à mon arrêt de travail.

Employeur : Oui et vous n'étiez pas là alors que le médecin est passé pendant les heures d'interdiction de sortie. J'arrête de vous verser vos indemnités et en plus je vous licencie dès votre retour.

LA MASDAKISATION

Salarié : Mon absence à ce contrôle était justifiée puisque j'étais chez le kiné et dès lors que l'absence est justifiée vous ne pouvez pas suspendre le versement des indemnités. De plus, mon absence même injustifiée lors de la visite de contrôle ne peut justifier une sanction ou un licenciement.

Employeur : J'annule donc les sanctions.

CE QUE DIT LA LOI

Un salarié en arrêt de travail doit être présent à son domicile durant les heures d'interdiction de sortie fixées, sauf si son médecin lui accorde une autorisation de sortie. Si le salarié est absent lors d'une visite de contrôle, cela peut affecter le versement de ses indemnités journalières. **Toutefois, une absence injustifiée lors de la visite ne justifie pas une sanction ou un licenciement.** Ce principe a été confirmé par la Cour de cassation (Cass. Soc., 4 juin 2002, nº 00-40894).

Détails des obligations et droits

Obligations du salarié : respecter les horaires de sortie indiqués par le médecin sur l'avis d'arrêt de travail. En cas d'absence, le salarié doit pouvoir justifier celle-ci.

Droits du salarié : s'il prouve que son absence était justifiée, il ne peut pas être sanctionné, et ses indemnités ne peuvent pas être suspendues.

Conséquences d'une absence injustifiée

Suspension des indemnités : en cas d'absence injustifiée, les indemnités journalières peuvent être suspendues, mais cela ne peut pas entraîner des sanctions disciplinaires ou un licenciement.

Recours : si les indemnités sont suspendues, le salarié peut contester auprès de la CPAM ou du tribunal compétent.

Exemple concret ou jurisprudence

Dans son arrêt du 4 juin 2002, la Cour de cassation a précisé qu'une absence lors d'une visite de contrôle ne peut justifier un licenciement, même si l'employeur estime l'absence injustifiée.

EN RÉSUMÉ

Un salarié en arrêt de travail doit être présent lors des visites de contrôle, mais une absence injustifiée ne peut entraîner de sanctions. Il est conseillé de conserver des justificatifs pour toute absence due à des rendez-vous médicaux et d'informer l'employeur en cas de contrôle. En cas de litige, le salarié peut faire appel à un représentant du personnel ou un avocat pour défendre ses droits.

Votre employeur défalque le temps de trajet pour aller à la médecine du travail

Employeur : Vous êtes parti à 13 h et il est 16 h. La visite médicale était de 14 h à 15 h.

Salarié : Oui, mais il me fallait 2 h aller-retour pour y aller.

Employeur : Désolé, mais je suis obligé d'appliquer un retrait de salaire de 2 h. Le temps de déplacement pour la visite médicale n'est jamais rémunéré.

LA MASDAKISATION

Salarié : D'après le Code du travail, le temps et les frais de transport nécessités par les visites médicales sont pris en charge par l'employeur. Ma rémunération est donc maintenue sur l'ensemble du temps qui a nécessité cette visite médicale.

Employeur : C'est bon, je vous paie les 3 heures.

CE QUE DIT **LA LOI**

Temps de visite médicale et rémunération

L'article R4624-39 du Code du travail précise que le temps consacré aux visites et examens médicaux, y compris les examens complémentaires, doit être soit pris sur les heures de travail sans aucune retenue de salaire, soit rémunéré comme du temps de travail effectif si les examens ont lieu en dehors des heures de travail. **L'employeur est donc tenu de rémunérer le temps passé pour ces visites.**

Temps et frais de transport pris en charge

Le même article précise que **le temps et les frais de transport nécessaires aux visites médicales sont également à la charge de l'employeur,** ce qui signifie que le salarié doit être rémunéré pour l'intégralité du temps passé, y compris le trajet.

EN RÉSUMÉ

L'employeur ne peut pas appliquer de retenue de salaire pour le temps de trajet lié à une visite médicale, car ce temps doit être considéré comme du temps de travail effectif. Le salarié est donc rémunéré pour toute la durée, incluant le déplacement.

Vous refusez d'adhérer à la mutuelle d'entreprise obligatoire

Employeur : Vous êtes nouveau dans l'entreprise. Merci de remplir et de me remettre le formulaire d'adhésion à la mutuelle d'entreprise.

Salarié : Je n'en ai pas besoin, j'en ai déjà une.

Employeur : Mais elle est obligatoire.

LA MASDAKISATION

Salarié : La loi vous impose de proposer un contrat de mutuelle à vos salariés, mais il existe des cas de dispense. Je pourrais donc adhérer à la mutuelle d'entreprise après la date d'échéance annuelle de ma mutuelle actuelle.

Employeur : Désolé, je ne le savais pas.

CE QUE DIT **LA LOI**

Depuis le 1er janvier 2016, toutes **les entreprises sont tenues de proposer une mutuelle santé collective à leurs salariés.** Toutefois, des situations spécifiques permettent à un salarié de refuser cette adhésion.

Cas de dispense

Voici les principales situations dans lesquelles un salarié peut demander une dispense d'adhésion à la mutuelle d'entreprise.

Couverture par une mutuelle individuelle : si le salarié possède déjà une complémentaire santé individuelle, il peut demander à être dispensé de l'adhésion à la mutuelle d'entreprise. Cette dispense est valable jusqu'à l'échéance de son contrat individuel (article R242-1-6 du Code du travail).

Bénéficiaire de la complémentaire santé solidaire (CSS) : un salarié bénéficiant de la CSS peut refuser d'adhérer à la mutuelle d'entreprise, à condition que cela soit prévu dans le contrat de mutuelle de l'employeur.

CDD de moins de 3 mois : les salariés en contrat à durée déterminée dont la durée de couverture santé est inférieure à 3 mois peuvent également demander une dispense.

Apprentis : les apprentis ont la possibilité de demander à être dispensés de l'adhésion à la mutuelle d'entreprise.

Décision unilatérale de l'employeur : si la mutuelle a été instaurée par décision unilatérale de l'employeur sans concertation avec les partenaires sociaux, les salariés présents lors de sa mise en place peuvent refuser d'y adhérer.

Participation financière des salariés : si le contrat de mutuelle impose une participation financière des salariés, ceux-ci peuvent également demander une dispense.

Procédure de demande de dispense

La demande de dispense doit être faite par écrit, généralement lors de l'embauche ou lors de la mise en place des garanties. L'employeur est tenu de conserver une copie de cette demande.

EN RÉSUMÉ

Un salarié a le droit de refuser d'adhérer à la mutuelle d'entreprise obligatoire dans plusieurs cas, notamment s'il est déjà couvert par une mutuelle individuelle ou s'il bénéficie de la CSS. Il est crucial d'informer son employeur de sa situation et de soumettre une demande de dispense en respectant les règles établies. Connaître ses droits en matière de mutuelle d'entreprise est donc essentiel.

Votre employeur vous demande d'afficher vos opinions politiques

Employeur : Que pensez-vous des événements récents dans le monde et du positionnement de certains partis politiques en France ?

Salarié : Je ne pense pas que ce soit approprié de discuter de ces sujets-là au travail.

Employeur : On respecte toutes les opinions, vous devriez vous montrer plus ouvert et coopératif à l'avenir, ça risque de jouer en votre défaveur lors des évaluations.

LA MASDAKISATION

Salarié : Je bénéficie de la liberté d'expression sur mon lieu de travail, mais je conserve également le droit de taire mes opinions politiques. Vous ne pouvez pas exiger que je prenne position publiquement.

Employeur : C'est bon, je n'ai rien dit.

CE QUE DIT LA LOI

Chaque salarié bénéficie de la liberté d'expression, y compris sur son lieu de travail, conformément à l'article 10 de la Convention européenne des droits de l'homme. **Ce droit inclut la possibilité d'exprimer ses opinions, mais également le droit de ne pas le faire.**

Droit de taire ses opinions

Un salarié a le droit de garder ses opinions politiques pour lui-même. **L'employeur ne peut pas exiger d'un salarié qu'il prenne publiquement position sur des questions politiques.** Cette protection a été affirmée par la Cour de cassation dans un arrêt du 26 octobre 2005 (Cass. Soc. 26 octobre 2005 n° 03-41.796), précisant que « l'employeur ne peut pas exiger du salarié qu'il prenne position publiquement. »

Conséquences d'une pression sur les opinions politiques

Si un employeur tente d'exercer une pression sur un salarié pour qu'il exprime ses opinions politiques, cela peut être considéré comme **une atteinte à la liberté d'expression.** Le refus d'un salarié de se plier à une telle demande ne peut pas être considéré comme fautif. Toute sanction ou mesure discriminatoire prise à l'encontre d'un salarié en raison de ses opinions politiques serait illégale et pourrait constituer une discrimination au sens de l'article L1132-1 du Code du travail.

EN RÉSUMÉ

Votre employeur ne peut pas vous obliger à exprimer vos opinions politiques au travail. Vous avez le droit de garder vos opinions pour vous et de refuser de vous engager publiquement. Si votre employeur insiste, vous avez la possibilité de lui rappeler vos droits en matière de liberté d'expression, comme établi par la loi et la jurisprudence.

Vous avez alerté votre employeur que vous subissez du harcèlement moral

Salarié : Je vous ai envoyé plusieurs mails à propos du harcèlement moral que je subis et ils sont restés sans réponse. Ma santé mentale et physique est altérée et les conditions de travail dégradées.

Employeur : J'ai autre chose à faire que de m'occuper de vos petites querelles !

LA MASDAKISATION

Salarié : Vous devez prendre toutes les mesures nécessaires afin de prévenir les agissements de harcèlement moral et comme vous n'avez toujours pas pris de mesures concrètes, vous avez donc failli à votre obligation de sécurité de résultat en matière de protection contre le harcèlement moral.

Employeur : C'est bon, je vais régler cela.

CE QUE DIT LA LOI

Selon l'article L1152-4 du Code du travail, l'employeur est tenu de prendre toutes les mesures nécessaires pour prévenir le harcèlement moral. Cet engagement est une obligation de résultat, signifiant que **l'employeur doit agir concrètement pour protéger la santé et la sécurité de ses salariés.**

Contexte d'application de la règle

Lorsqu'un salarié alerte son employeur sur des faits de harcèlement moral, plusieurs actions doivent être mises en place par ce dernier.

Répondre à la demande d'assistance du salarié : ignorer ces alertes constitue un manquement à ses obligations.

Engager une enquête interne pour évaluer la situation et prendre les mesures nécessaires pour remédier au problème.

Conséquences en cas de non-respect

Si l'employeur ne prend pas les mesures adéquates après avoir été alerté, il peut être **tenu responsable de la dégradation des conditions de travail du salarié.** En cas de litige, le salarié a la possibilité de saisir le conseil de prud'hommes pour demander réparation du préjudice subi. De plus, l'employeur pourrait faire face à des sanctions pénales si les faits de harcèlement sont avérés, conformément à l'article 222-33-2 du Code pénal, qui prévoit des peines d'emprisonnement et des amendes pour des comportements de harcèlement.

Exemples concrets ou jurisprudence

La jurisprudence a établi que l'employeur doit agir dès qu'il est informé de faits de harcèlement. Par exemple, dans un arrêt, la Cour de cassation a jugé qu'un employeur qui ne répond pas aux alertes de harcèlement moral et ne prend pas de mesures pour y remédier engage sa responsabilité (Cass. Soc. 9 juillet 2014 n° 13-16.797).

EN RÉSUMÉ

Si vous avez alerté votre employeur sur des faits de harcèlement moral et qu'il ne réagit pas, cela constitue un manquement à son obligation de sécurité. Vous avez le droit de demander une enquête et de faire valoir vos droits devant le conseil de prud'hommes si aucune mesure n'est prise. Il est conseillé de conserver toutes les communications écrites et de documenter les faits pour soutenir votre demande.

Votre employeur vous impose une tenue vestimentaire

Employeur : Enlevez-moi ce pull ! Ici, c'est costume-cravate, pas autre chose.

Salarié : Pourquoi devrais-je ?

Employeur : Parce que c'est la règle ici, sinon, c'est la porte !

LA MASDAKISATION

Salarié : La tenue vestimentaire d'une personne relève de sa liberté individuelle. Ma tenue est correcte et conforme. Je n'ai aucun contact avec la clientèle et le règlement de l'entreprise n'impose aucune tenue particulière.

Employeur : C'est bon. Habillez-vous comme vous le souhaitez.

CE QUE DIT LA LOI

L'article L1121-1 du Code du travail encadre la liberté individuelle des salariés, y compris leur choix vestimentaire. Il indique que « nul ne peut apporter aux droits des personnes et aux libertés individuelles de restrictions qui ne seraient pas justifiées par la nature de la tâche à accomplir ni proportionnées au but recherché. »

Application de la loi dans votre situation

- Liberté de tenue vestimentaire : tant que votre tenue est correcte et en adéquation avec les standards de l'entreprise, votre employeur ne peut imposer une tenue spécifique sauf si cela est justifié.

- Justification : l'obligation d'une tenue particulière peut être requise si elle est nécessaire pour la sécurité, l'hygiène ou pour garantir l'image de marque de l'entreprise.

- Cas des métiers en contact avec la clientèle : dans les secteurs où l'image est essentielle (par exemple, l'accueil ou la restauration), des restrictions peuvent être légitimes. Toutefois, si vous n'avez pas de contact avec la clientèle et qu'aucun règlement interne ne spécifie une tenue particulière, une demande comme celle de porter un costume-cravate peut être excessive.

Exceptions et précautions

– Certaines professions requièrent des vêtements spécifiques (uniformes pour des raisons de sécurité ou de normes d'hygiène). Ces exigences doivent être énoncées dans le règlement intérieur ou la convention collective.

– Dans tous les cas, l'employeur doit veiller que **les restrictions soient proportionnées au poste occupé** et aux tâches réalisées.

EN RÉSUMÉ

Votre employeur ne peut vous imposer une tenue vestimentaire qu'à la condition que celle-ci soit justifiée par les exigences de votre poste et proportionnée au but recherché. En l'absence de contact client et de règles internes spécifiques, l'obligation d'une tenue stricte pourrait être contestée.

Votre employeur ne prend pas en charge les frais de transport (cas général)

Salarié : Vous n'avez pas pris en charge mes frais de transport.

Employeur : On ne fait pas cela dans notre entreprise.

LA MASDAKISATION

Salarié : La participation de l'employeur aux frais de transport est obligatoire selon le Code du travail.

Employeur : C'est bon, vous aurez vos frais de transport.

CE QUE DIT LA LOI

Selon l'article L3261-2 du Code du travail, **l'employeur doit prendre en charge au moins 50 % du coût des titres d'abonnement** souscrits par ses salariés pour leurs déplacements entre leur résidence habituelle et leur lieu de travail, à condition que ces déplacements soient effectués au moyen de transports publics ou de services publics de location de vélos.

Contexte d'application de la règle

Obligation de prise en charge : cette obligation s'applique à tous les employeurs, quel que soit leur effectif. Les frais concernés incluent uniquement les abonnements (annuels, mensuels, hebdomadaires) et non les billets à l'unité. Les stagiaires peuvent également en bénéficier.

Exclusions possibles : l'employeur peut refuser cette prise en charge si le salarié perçoit déjà des indemnités pour ses déplacements qui sont supérieures ou égales à la prise en charge légale, ou si l'employeur organise lui-même le transport des salariés (Code du travail article R.3261-8).

Conséquences en cas de non-respect

Si votre employeur refuse de prendre en charge vos frais de transport, **il contrevient à ses obligations légales.** Vous pouvez lui rappeler que cette prise en charge est obligatoire et, si nécessaire, envisager de faire appel aux instances compétentes, comme le conseil de prud'hommes, pour faire valoir vos droits.

Exemple concret ou jurisprudence

La jurisprudence a confirmé que la prise en charge des frais de transport est due, quel que soit l'éloignement du domicile par rapport au lieu de travail (Cass. Soc. 12 décembre 2012, n° 11-25089).

EN RÉSUMÉ

Votre employeur est tenu de prendre en charge une partie de vos frais de transport, conformément à l'article L3261-2 du Code du travail. Si vous rencontrez des difficultés à obtenir cette prise en charge, vérifiez votre convention collective ou les accords d'entreprise qui pourraient prévoir des dispositions supplémentaires. Il est également conseillé de conserver tous les documents relatifs à vos déplacements et à vos échanges avec votre employeur pour soutenir votre demande.

Vous demandez à votre employeur d'augmenter le chauffage

Salarié : Il fait très froid au bureau, ça impacte ma concentration.

Employeur : Couvrez-vous mieux la prochaine fois.

LA MASDAKISATION

Salarié : D'après la loi, vous devez assurer la sécurité et la santé de vos employés. De plus, le chauffage doit fonctionner de manière à maintenir une température convenable dans les locaux.

Employeur : C'est bon, j'appelle le chauffagiste, ça sera réglé.

CE QUE DIT LA LOI

Obligation de sécurité et de santé

L'article L4121-1 du Code du travail impose à l'employeur de prendre les mesures nécessaires pour **assurer la sécurité et protéger la santé physique et mentale des travailleurs.** Cela inclut l'aménagement des locaux de travail pour garantir des conditions de température adéquates.

Température des locaux

L'article R4223-13 du Code du travail dispose que les locaux fermés affectés au travail doivent être chauffés pendant la saison froide de manière à maintenir une **température convenable et ne comportant pas de variations brusques.** Cette disposition vise à garantir le confort thermique des salariés et à prévenir les risques pour leur santé.

Conditions climatiques extrêmes

En cas de conditions climatiques susceptibles de porter atteinte à la santé des travailleurs, **l'employeur doit prévoir des aménagements spécifiques.** Cela peut inclure la mise à disposition de vêtements adaptés, l'installation de dispositifs de chauffage supplémentaires ou l'aménagement des horaires de travail.

Informations complémentaires

Évaluation des risques : l'employeur doit régulièrement évaluer les risques liés aux conditions de travail, y compris les risques thermiques, et mettre en place des mesures de prévention adaptées.

Recours en cas de non-respect : en cas de non-respect de ces obligations, les salariés peuvent saisir l'inspection du travail ou le comité social et économique (CSE) de l'entreprise.

EN RÉSUMÉ

S'il fait trop froid dans les bureaux, sachez que votre employeur a l'obligation légale de maintenir une température convenable pour la santé et le confort de ses employés. Vous pouvez faire appel à l'inspection du travail si cette obligation n'est pas respectée.

Votre employeur du B.T.P. vous fait travailler pendant la canicule

Salarié : Il fait beaucoup trop chaud pour travailler. J'arrête.

Employeur : Vous ne voulez pas travailler, je vous licencie.

LA MASDAKISATION

Salarié : Météo France a émis une alerte vigilance orange à la canicule dans notre département. Les entreprises de B.T.P. ont l'interdiction de faire travailler leurs salariés en cas de vigilance orange ou rouge à la canicule.

Employeur : Ah, je ne savais pas.

CE QUE DIT **LA LOI**

Depuis le décret n° 2024-630 du 28 juin 2024, **la canicule est officiellement reconnue comme une intempérie dans le secteur du B.T.P.** (bâtiment et travaux publics). En conséquence, les entreprises de B.T.P. ne peuvent pas faire travailler leurs salariés lorsque Météo France émet une alerte de vigilance orange ou rouge à la canicule.

Suspension des chantiers

Lorsqu'une alerte de vigilance canicule est émise, les chantiers peuvent être suspendus. **Pendant cette période, les salariés concernés doivent être indemnisés.** De plus, les entreprises cotisant au régime des intempéries ont la possibilité de bénéficier d'un remboursement partiel des indemnités versées, pouvant atteindre jusqu'à 80 %, sans que cela n'entraîne d'augmentation des cotisations.

Droit de retrait

Un salarié qui estime que les conditions de travail sont dangereuses en raison de la chaleur a le droit d'exercer son droit de retrait. Cela signifie qu'**il peut quitter son poste si la chaleur représente un danger grave et imminent pour sa santé.** Il est conseillé d'informer l'employeur de cette décision, idéalement par écrit, et de notifier également le comité social et économique (CSE), si cela est applicable.

EN RÉSUMÉ

Un employeur dans le secteur du B.T.P. ne peut pas faire travailler ses salariés pendant une alerte de vigilance orange ou rouge à la canicule. Les salariés ont le droit de refuser de travailler dans de telles conditions et doivent être indemnisés en cas de suspension de l'activité. Il est donc impératif pour les employeurs de respecter ces obligations afin d'assurer la santé et la sécurité de leurs salariés.

Vous avez fait une erreur de caisse en rendant la monnaie

Hôte de caisse : J'ai fait une erreur de caisse, j'ai rendu à un client 50 euros au lieu de 20.

Responsable : Vous allez rembourser la différence de votre poche ou je la déduis de votre salaire !

LA MASDAKISATION

Hôte de caisse : D'après la loi, les amendes ou autres sanctions pécuniaires sont interdites. Vous n'avez donc pas le droit de me demander de rembourser !

Responsable : Oubliez ce que je viens de dire.

CE QUE DIT **LA LOI**

Interdiction des sanctions pécuniaires

Les amendes ou autres sanctions pécuniaires sont interdites (article L1331-2 du Code du travail). Cela signifie qu'un employeur ne peut pas déduire directement du salaire d'un salarié une somme d'argent en guise de sanction pour une erreur de caisse ou toute autre faute. Toute disposition ou stipulation contraire est réputée non écrite. Cela renforce l'interdiction des sanctions pécuniaires en invalidant toute clause contractuelle qui prévoirait de telles sanctions.

Application pratique

Retenues sur salaire : l'employeur ne peut opérer une retenue de salaire pour compenser des sommes qui lui seraient dues par un salarié pour fournitures diverses, quelle qu'en soit la nature (article L3251-1 du Code du travail).

Responsabilité de l'employeur : en cas d'erreur de caisse, l'employeur doit assumer la perte financière sans pouvoir la répercuter sur le salarié.

Informations complémentaires

Sanctions en cas de non-respect : si l'employeur procède malgré tout à une retenue sur salaire, il risque de devoir rembourser cette somme, verser des dommages et intérêts au salarié, et payer une amende pouvant aller jusqu'à 3 750 euros conformément à l'article L1334-1 du Code du travail.

Recours du salarié : en cas de litige, le salarié peut saisir le conseil de prud'hommes pour faire valoir ses droits et obtenir réparation.

EN RÉSUMÉ

Les amendes ou retenues sur salaire pour erreur de caisse sont interdites. L'employeur doit assumer la perte sans pénaliser le salarié. En cas de litige, le salarié peut se tourner vers le conseil de prud'hommes.

VIE QUOTIDIENNE

FINI LES LITIGES ⚡ FINI LES ARNAQUES

De la morsure de chien dans la rue aux arnaques sur internet en passant par les prêts entre amis ou les questions de vie scolaire, chaque jour vous rencontrez des nouvelles problématiques. Masdak y répond.

Vous vous faites mordre par un chien dans la rue

Passant : Aïe, votre chien m'a mordu au mollet !
Propriétaire du chien : Ce n'est rien, il voulait juste jouer.

LA MASDAKISATION

Passant : Je demande une indemnisation au vu de la blessure subie. D'après la loi, vous êtes responsable du dommage causé par l'animal. Vous risquez même une condamnation pénale.
Propriétaire du chien : C'est bon, je déclare la morsure à l'assurance.

CE QUE DIT **LA LOI**

Responsabilité civile du propriétaire

Selon l'article 1243 du Code civil, le propriétaire d'un animal, ou celui qui s'en sert, est responsable des dommages causés par l'animal, que celui-ci soit sous sa garde ou qu'il se soit égaré ou échappé. En tant que propriétaire ou détenteur du chien lors de l'événement, vous êtes **civilement responsable des dommages causés,** ce qui signifie que vous devez indemniser la victime des blessures subies.

Déclaration de sinistre

Il est impératif de **faire immédiatement une déclaration de sinistre auprès de votre assureur habitation**. La plupart des contrats d'assurance habitation incluent une garantie responsabilité civile, qui couvre les dommages causés par vos animaux domestiques. Lors de la déclaration, il est essentiel d'indiquer précisément les circonstances de l'incident : date, lieu, coordonnées de la victime et des témoins.

Indemnisation

Votre assureur indemnisera la victime des conséquences de la morsure, dans les limites de votre contrat d'assurance. Si vous n'êtes pas assuré, la victime peut saisir le tribunal judiciaire compétent en matière de réparation des dommages corporels.

Conséquences pénales

Si la victime décède des suites de la morsure, vous pouvez être poursuivi pour homicide involontaire (article 221-6 du Code pénal). Les peines peuvent aller jusqu'à 5 ans d'emprisonnement et 75 000 € d'amende, voire plus en cas de circonstances aggravantes.

Informations complémentaires

Déclaration auprès de la mairie : vous devez déclarer la morsure à la mairie pour que le chien fasse l'objet d'un suivi vétérinaire.

Surveillance sanitaire : vous devez faire surveiller votre chien par un vétérinaire sanitaire pour vérifier qu'il n'est pas porteur du virus de la rage. Cette surveillance consiste en 3 visites auprès du même vétérinaire sur une période de 15 jours.

Évaluation comportementale : vous devez soumettre votre chien à une évaluation comportementale par un vétérinaire choisi sur une liste départementale. Les frais de cette évaluation sont à votre charge.

EN RÉSUMÉ

Le propriétaire d'un chien est responsable des blessures causées par son animal. En cas de morsure, il doit déclarer l'incident à son assureur et peut être tenu d'indemniser la victime. En cas de décès, des poursuites pénales peuvent être engagées. Des démarches administratives et sanitaires doivent également être effectuées pour assurer la sécurité et le bien-être du chien.

En période de protection de la faune sauvage vous promenez votre chien sans laisse

Agent : Office national des forêts, nous avons remarqué que vous promeniez votre chien sans laisse dans le bois !

Promeneur : Et alors ?

LA MASDAKISATION

Agent : Du 15 avril au 30 juin, pour protéger la faune sauvage (reproduction), il est interdit de promener son chien sans laisse dans les bois en dehors des allées forestières ! Il ne faut pas le laisser divaguer.

Promeneur : Je ne savais pas ! Je lui remets sa laisse.

CE QUE DIT LA LOI

Période de protection de la faune sauvage

Du 15 avril au 30 juin, il est interdit de promener des chiens non tenus en laisse en dehors des allées forestières. Cette mesure vise à protéger les oiseaux et les espèces de gibier pendant leur période de reproduction et à favoriser leur repeuplement. **Les chiens doivent être tenus en laisse** pour éviter qu'ils ne perturbent la faune sauvage.

Sanctions en cas de non-respect

En cas de non-respect de cette règle, les propriétaires de chiens s'exposent à **une amende pouvant aller jusqu'à 750 euros** (article R622-2 du Code pénal).

Définition de la divagation

Un chien est considéré comme divaguant **s'il n'est plus sous la surveillance effective de son maître et se trouve hors de portée de voix** ou de tout instrument sonore permettant son rappel, ou s'il est éloigné de son propriétaire ou de la personne qui en est responsable d'une distance dépassant 100 mètres (arrêté du 16 mars 1955 relatif à l'interdiction de la divagation des chiens).

Exception

Cette interdiction **ne s'applique pas lors d'une chasse** ou dans le cas d'un **chien de garde d'un troupeau.**

Informations complémentaires

Les règlements sanitaires départementaux et les arrêtés municipaux peuvent également **imposer des restrictions spécifiques** concernant la tenue en laisse des chiens dans les zones urbaines et certains lieux publics.

Il est recommandé de se renseigner auprès de la mairie ou de l'Office national des forêts pour connaître les règles spécifiques en vigueur dans votre région.

EN RÉSUMÉ

Il est interdit de promener un chien sans laisse dans les bois entre le 15 avril et le 30 juin afin de protéger la faune sauvage pendant sa période de reproduction. Les contrevenants s'exposent à une amende de 750 euros, et un chien est considéré comme divaguant s'il n'est pas sous la surveillance de son maître. Des exceptions existent pour la chasse et la garde des troupeaux, et il est conseillé de vérifier les règles locales auprès des autorités compétentes.

Vous trouvez par terre une grosse somme d'argent

Passant 1 : Je viens de trouver 500 € par terre.

Passant 2 : Vous savez que vous n'avez pas le droit de les garder.

Passant 1 : Hein ?

LA MASDAKISATION

Passant 2 : Cet argent ne vous appartient pas. Selon la loi, une personne a le droit de revendiquer ce qu'elle a perdu pendant 3 ans, à compter de la date de la perte ou du vol. Vous risquez 1 200 € d'amende et 1 an de prison. Vous devez remettre cet argent au commissariat et attendre 1 an pour les réclamer et 2 ans pour les dépenser si aucun propriétaire ne se manifeste.

Passant 1 : Merci.

CE QUE DIT **LA LOI**

Obligation de restitution

Toute personne qui trouve une somme d'argent ou un objet de valeur **doit le remettre aux autorités compétentes,** généralement au commissariat de police ou à la mairie. Le fait de ne pas déclarer une somme trouvée peut être considéré comme un vol (article 311-1 du Code pénal).

Délai de revendication

Droits du propriétaire : le propriétaire peut revendiquer son bien pendant 3 ans (article 2276 du Code civil). Passé ce délai, il perd son droit de revendication.

Droits du trouveur : si le propriétaire ne se manifeste pas dans un délai de 1 an, le trouveur peut réclamer la somme. Après 2 ans, il peut en disposer librement.

Si l'argent n'est pas réclamé après 3 ans, il est transféré dans les caisses du Trésor public.

EN RÉSUMÉ

Lorsqu'une somme d'argent est trouvée, il est nécessaire de la remettre au commissariat de police ou à la mairie. Un procès-verbal de dépôt sera rédigé. Si le propriétaire ne se manifeste pas dans un délai de 1 an, la personne ayant trouvé l'argent peut en faire la demande. Après 1 an, celle-ci acquiert le statut d'usufruitier, ce qui signifie qu'elle peut récupérer la somme, mais ne peut pas l'utiliser avant un délai de 2 ans. Si le propriétaire se manifeste dans ce délai, l'argent devra lui être restitué. Après 2 ans sans réclamation, la personne peut disposer librement de l'argent. Si personne ne le réclame après 3 ans, la somme est transférée dans les caisses du Trésor public.

Vous demandez à un ami de vous rembourser l'argent que vous lui avez prêté

Ami 1 : Peux-tu, s'il te plaît, me prêter de l'argent ? Je te rembourse dans 3 mois.

Ami 2 : OK. Mais tu écris le montant sur ce papier, la date ultime de remboursement et tu le signes.

LA MASDAKISATION

3 mois plus tard.

Ami 2 : Tu as signé ce papier qui est un acte sous seing privé. Tu as jusqu'à ce soir pour me rembourser sinon je t'assigne en justice.

Ami 1 : C'est bon, je te rembourse.

CE QUE DIT **LA LOI**

En France, pour un prêt d'un montant supérieur à 1 500 euros entre particuliers, le Code civil (article 1359) impose qu'une preuve écrite soit fournie en cas de litige.

Le prêt entre proches peut être consigné :

– Par un contrat de prêt, signé par les deux parties. Il est généralement établi en 2 exemplaires (formulaire CERFA n° 10 142/2062), daté et signé par les deux parties, chacune conservant un exemplaire. Il peut être signé sous seing privé ou établi par un notaire. Pour renforcer sa validité, le prêt peut être enregistré auprès de l'administration fiscale pour 125 euros (article 680 du Code général des impôts).

- Par une reconnaissance de dette, signée uniquement par l'emprunteur qui peut être réalisée de deux manières :

1- **Sous forme d'acte authentique :** ce document est rédigé par un officier public compétent et possède une valeur juridique équivalente à celle d'une décision judiciaire.

2- **Sous forme d'acte sous signature privée :** ce type d'acte est signé par les deux parties sans l'intervention d'un notaire. La reconnaissance de dette est rédigée sur papier libre, datée et signée par l'emprunteur. Celui-ci doit écrire le montant en chiffres et en lettres de façon manuscrite (article 1376 du Code civil). Le prêteur conserve l'original et l'emprunteur garde une copie.

Contenu recommandé dans le document

Le contrat de prêt ou la reconnaissance de dette doit inclure les éléments suivants : montant emprunté, durée du prêt, fréquence et montant des remboursements et taux d'intérêt éventuel, en respectant le taux d'usure. Ces prêts entre particuliers ne sont pas soumis aux dispositions du Code de la consommation, notamment le délai de rétractation.

Les obligations fiscales

- Pour un prêt avec intérêts : les intérêts doivent être déclarés dans la rubrique « Revenus de capitaux mobiliers » de votre déclaration annuelle.

- Déclaration des prêts de plus de 5 000 euros sur une année : il faut déclarer ces prêts aux services fiscaux.

EN RÉSUMÉ

Pour éviter les litiges liés aux prêts d'argent entre proches, il est conseillé de toujours formaliser le prêt par écrit, même pour des montants modestes. L'inclusion de clauses précises sur le remboursement et les conséquences en cas de non-paiement peut aider à prévenir les malentendus. En cas de difficulté, n'hésitez pas à consulter un professionnel du droit pour vous assister dans vos démarches.

Vous êtes victime d'une arnaque qui sévit sur PayPal

Victime : Je viens de recevoir 1 000 € sur PayPal.

Escroc : C'est moi, je vous les ai envoyés par erreur. Vous pouvez me les renvoyer, s'il vous plaît. Utilisez bien l'option « Envoi d'argent entre proches », comme cela vous ne paierez pas de frais.

LA MASDAKISATION

Victime : Jamais, je ne ferai cela. Vous êtes un vrai arnaqueur.

Escroc : C'est bon, vous m'avez grillé.

CE QUE DIT LA LOI

L'escroquerie est définie par l'article 313-1 du Code pénal, qui incrimine les manœuvres frauduleuses utilisées pour tromper une personne ou une entité dans le but de lui soutirer de l'argent ou des biens. Ce délit **est passible de peines pouvant aller jusqu'à 5 ans d'emprisonnement et de 375 000 euros d'amende.**

Explications

Dans cette escroquerie, l'arnaqueur commence par envoyer de l'argent à la victime, prétendant qu'il s'agit d'une erreur, en utilisant l'option « Paiement d'un objet ou d'un service », ce qui lui garantit une protection sur PayPal. Ensuite, il contacte la victime pour demander un remboursement via l'option « Envoi d'argent entre proches », arguant que c'est sans frais. Bien que cela puisse sembler avantageux, cette option n'est pas couverte par la protection des acheteurs de PayPal. Une fois que la victime a renvoyé la somme, l'escroc se tourne vers PayPal pour signaler l'erreur. Grâce à l'utilisation de l'option « Paiement d'un objet ou d'un service », il obtient un remboursement de la part de PayPal, réussissant ainsi à récupérer de l'argent tout en ayant fait perdre cette même somme à la victime.

Droits des parties : la victime a le droit de signaler l'escroquerie à PayPal et de porter plainte auprès des autorités compétentes. L'escroc, quant à lui, commet une infraction pénale en trompant la victime.

Étapes pour faire valoir ses droits : si la victime se rend compte de l'escroquerie, elle doit immédiatement contacter PayPal pour signaler la fraude et déposer une plainte auprès de la police ou de la gendarmerie. Il est également conseillé de conserver toutes les preuves de la transaction.

Conseils de sécurité

L'option « Envoi d'argent entre proches », qui est gratuite, ne doit être utilisée que pour des « envois à des proches que vous connaissez, par exemple pour partager l'addition, participer aux dépenses quotidiennes » précise PayPal.

Globalement, lorsque vous achetez ou vendez quelque chose sur une plateforme comme Leboncoin, **il vaut mieux utiliser le service de paiement de la plateforme elle-même** et ne jamais en sortir, pour éviter tout risque de fraude.

Points spécifiques

Protection des acheteurs PayPal : les paiements effectués via l'option « Paiement d'un objet ou d'un service » bénéficient d'une protection, contrairement à ceux effectués via « Envoi d'argent entre proches » qui ne sont pas couverts.

Délai pour porter plainte : la victime a jusqu'à 6 ans pour porter plainte à compter du dernier acte d'escroquerie.

EN RÉSUMÉ

L'escroc utilise une manœuvre frauduleuse pour obtenir de l'argent de la victime. La victime doit signaler l'escroquerie à PayPal et porter plainte. Les paiements entre proches ne sont pas protégés par PayPal, et il est conseillé d'utiliser les services de paiement des plateformes pour éviter les fraudes. L'escroc risque des sanctions pénales, tandis que la victime doit agir rapidement pour tenter de récupérer son argent.

Vous êtes victime de l'arnaque à l'irlandaise

Escroc : Je suis anglais, mon nom est Johnny Smith, on m'a dérobé mes papiers. Est-ce que vous pourriez me dépanner d'un peu d'argent ? Je suis prêt à vous faire un virement en échange de cash.

Victime : De combien avez-vous besoin ?

Escroc : Entre 700 et 1 000 €. Donnez-moi votre IBAN et je vous fais un virement.

LA MASDAKISATION

Victime : Vous êtes un escroc. Non seulement vous allez prendre mon cash, mais je ne recevrai jamais le virement. C'est la fameuse arnaque à l'irlandaise.

Escroc : C'est bon, vous m'avez démasqué. Je vous laisse tranquille.

CONSEILS

L'escroquerie à l'irlandaise est une méthode frauduleuse où **l'escroc se fait passer pour une personne en détresse financière.** Il promet un remboursement rapide en échange d'une avance en espèces, persuadant ainsi la victime de lui envoyer de l'argent. Pour cela, il utilise souvent l'écran d'une fausse application mobile ou envoie un faux virement pour donner l'illusion d'une transaction déjà effectuée. Cette technique repose sur des manœuvres trompeuses et peut entraîner des **pertes financières importantes pour la victime.**

Démarches et étapes pratiques

Ne jamais communiquer ses coordonnées bancaires : évitez de donner votre IBAN ou d'autres informations financières à des inconnus.

Ne pas céder à la pression : les escrocs utilisent souvent des techniques de manipulation pour inciter à agir rapidement. Prenez le temps de réfléchir.

Signaler l'escroquerie : si vous pensez être victime d'une escroquerie, contactez immédiatement votre banque et signalez l'incident aux autorités compétentes (police ou gendarmerie).

Risques et conséquences en cas de non-respect

Si vous cédez à la demande de l'escroc, vous risquez de **perdre la somme d'argent que vous avez remise.** De plus, vous pourriez être impliqué dans des activités de blanchiment d'argent si vous agissez comme intermédiaire sans le savoir. Les escroqueries peuvent également avoir des **conséquences psychologiques,** notamment la perte de confiance envers autrui.

EN RÉSUMÉ

Pour éviter de devenir victime d'une escroquerie à l'irlandaise, ne communiquez jamais vos informations bancaires à des inconnus et restez vigilant face aux demandes d'argent urgentes. En cas de doute, n'hésitez pas à consulter un professionnel ou à contacter les autorités pour obtenir des conseils. Méfiez-vous lorsqu'une offre vous semble trop belle pour être vraie.

Vous demandez à votre professeur une autorisation d'absence pour une fête religieuse

Élève : J'aimerais m'absenter vendredi prochain pour une fête religieuse.

Professeur : Désolé, mais l'assiduité en cours est obligatoire (article L511-1 du Code de l'éducation).

LA MASDAKISATION

Élève : Selon la circulaire du 18 mai 2004 relative à la loi du 15 mars 2004, publiée dans le Bulletin officiel de l'éducation nationale, les élèves ont droit à une absence pour les grandes fêtes religieuses.

Professeur : Je vous autorise à vous absenter.

CE QUE DIT **LA LOI**

En France, les élèves de toutes confessions ont le droit de s'absenter pour certaines grandes fêtes religieuses, sous réserve de respecter quelques conditions. Ce droit, prévu par la loi de 2004 sur la laïcité, vise à garantir le respect de la diversité religieuse dans les établissements scolaires publics. En effet, selon la circulaire n° 2004-084 du 18 mai 2004, les autorisations d'absence peuvent être accordées pour des fêtes spécifiques, tant qu'elles ne coïncident pas avec un jour férié. Les fêtes catholiques et protestantes, quant à elles, ne sont pas listées puisque celles-ci sont généralement chômées comme fêtes légales (ex. Noël, Pâques, Pentecôte). Cette circulaire est rappelée chaque année dans une instruction publiée au Bulletin officiel de l'éducation nationale.

Conditions d'absence

Pour qu'une absence pour fête religieuse soit validée, **l'élève doit en faire la demande en amont.** « L'institution scolaire et universitaire, de son côté, doit prendre les dispositions nécessaires pour qu'aucun examen ni aucune épreuve importante ne soient organisés le jour de ces grandes fêtes religieuses », rappelle la circulaire.

Les autorisations d'absence peuvent toutefois être refusées si elles perturbent le déroulement de la scolarité.

EN RÉSUMÉ

La circulaire n° 2004-084 du 18 mai 2004 garantit aux élèves la possibilité de demander une absence pour certaines grandes fêtes religieuses, en respectant des conditions précises. Les élèves doivent vérifier les conditions et faire leurs demandes en amont, dans la limite du bon fonctionnement de leur service ou de leur scolarité.

Vous interpellez l'instituteur sur les devoirs à la maison de votre enfant

Instituteur : Votre enfant n'a pas fait ses devoirs.
Parent d'élève : Et quels étaient ces devoirs ?
Instituteur : Un exercice de mathématiques et raconter ses vacances en quelques lignes.

LA MASDAKISATION

Parent d'élève : En France, la loi interdit les devoirs écrits à la maison en primaire. Mon enfant ne peut faire que du travail oral ou apprendre des leçons.
Instituteur : C'est bon, je lui ferai réciter sa leçon en cours.

CE QUE DIT LA LOI

La législation en vigueur, notamment avec la loi d'orientation de 2013 pour la refondation de l'école, **interdit les devoirs écrits à la maison pour les élèves du premier degré.** Cela signifie qu'aucun travail écrit, obligatoire ou facultatif, ne doit être assigné aux élèves en dehors des heures de classe. Ce principe vise entre autres à limiter les inégalités d'accès aux ressources.

Historique et adaptations progressives

Depuis la circulaire de 1956, **les devoirs écrits à la maison sont déconseillés dans le premier degré.** Cette interdiction s'est renforcée avec la circulaire de 1994 qui instaure les études dirigées : 30 minutes de travail encadrées par les enseignants pendant le temps scolaire permettant aux élèves de renforcer leurs connaissances sans empiéter sur le temps familial. Cependant, ces études dirigées ont été progressivement retirées du temps scolaire en 2008, ce qui a relancé la pratique des devoirs, malgré leur interdiction.

Pratiques tolérées et devoirs autorisés

Les seuls devoirs autorisés en dehors du temps scolaire pour le premier degré **sont les travaux oraux :** par exemple, des lectures, des révisions ou des recherches simples à faire à la maison. Ces activités orales aident à consolider l'apprentissage sans ajouter de charge écrite. Si un enseignant assigne des exercices écrits à la maison, cela va à l'encontre de la réglementation, et l'élève ne peut en être pénalisé (pas de note ou de punition en cas de devoir non rendu).

Rôle et droits des parents

Les parents peuvent intervenir si des devoirs écrits sont donnés en rappelant poliment cette règle à l'enseignant. En cas de récidive, il est également possible d'informer la direction de l'établissement afin de veiller au respect de la loi.

EN RÉSUMÉ

Les devoirs écrits sont formellement interdits au premier degré. Seules les activités orales peuvent être proposées en dehors de l'école. Les parents ont la possibilité de signaler toute pratique non conforme à cette réglementation afin de protéger les droits des élèves.

Votre enfant subit du harcèlement scolaire

Parent d'élève : Mon enfant subit un harcèlement scolaire depuis plusieurs mois. Je vous ai déjà alerté et vous n'avez rien fait.

Proviseur : Ce sont des enfants, ils se chamaillent…

LA MASDAKISATION

Parent d'élève : D'après la loi, les établissements d'enseignement scolaire (publics et privés) doivent prendre toutes les mesures nécessaires pour prévenir et lutter contre le harcèlement scolaire.

Proviseur : Je vais prendre des sanctions.

CE QUE DIT **LA LOI**

Le harcèlement scolaire se manifeste par des actes répétés de violences verbales, morales ou physiques (insultes, moqueries, rejet, bousculades, coups). Ce comportement entraîne une dégradation des conditions de vie de l'élève (anxiété, baisse des résultats scolaires, dépression) et peut survenir à l'intérieur ou en dehors de l'établissement scolaire. L'article L111-6 du Code de l'éducation, en vigueur depuis le 4 mars 2022, dispose que les élèves et étudiants ne doivent pas être victimes de harcèlement, que ce soit au sein de l'établissement ou en dehors, affectant leur dignité ou leur santé. Ces actes peuvent constituer un délit de harcèlement scolaire selon l'article 222-33-2-3 du Code pénal. **Les établissements scolaires et universitaires sont tenus de mettre en place des mesures de prévention et de détection du harcèlement,** ainsi que d'orienter les victimes et témoins vers des services d'aide. Une information annuelle sur les risques de harcèlement, notamment le cyberharcèlement est également fourni aux élèves et à leurs parents.

Que faire face au harcèlement ?

Pour les parents de victimes : contactez la direction de l'établissement scolaire pour exposer la situation. Appelez le 3018 pour obtenir du soutien et signaler les faits. Il est déconseillé d'aborder directement l'auteur du harcèlement.

En cas de persistance : le chef d'établissement peut signaler les faits au procureur de la République, surtout en cas de harcèlement grave.

Prise en charge par l'établissement

Détection et écoute : le chef d'établissement, aidé du coordonnateur harcèlement, doit recueillir les témoignages de la victime, des témoins et des auteurs potentiels.

Mesures immédiates : un adulte référent est désigné pour suivre la victime, et des mesures de protection sont instaurées.

Suivi : le bien-être de l'élève victime est contrôlé, et un accompagnement psychologique peut être proposé.

Prévention contre le harcèlement

Programme PHARE : actions de sensibilisation et de formation dans les écoles et collèges. Des élèves « ambassadeurs » sont formés pour participer à la lutte contre le harcèlement.

Numéro d'urgence 3018 : ce numéro est disponible pour poser des questions anonymement et obtenir des conseils.

Droit de porter plainte et sanctions

La victime, accompagnée de son représentant légal, **peut porter plainte dans un commissariat ou une gendarmerie.** Les sanctions varient selon l'âge de l'auteur du harcèlement.

EN RÉSUMÉ

Le harcèlement scolaire est un délit grave qui affecte le bien-être des élèves. Divers moyens de soutien, de prise en charge et de prévention existent, et il est possible de porter plainte pour engager des procédures juridiques. Le programme PHARE et le numéro d'urgence 3018 sont des ressources clés pour la prévention et le soutien aux victimes.

Votre enfant s'est fait confisquer son téléphone par un professeur

À la fin de la journée.

Élève : Monsieur, vous pouvez me rendre mon téléphone que vous avez confisqué ce matin.

Professeur : Certainement pas.

LA MASDAKISATION

Élève : C'est le règlement intérieur qui prime et celui-ci dit que la confiscation du téléphone portable ne peut excéder la durée des activités d'enseignement de la journée.

Professeur : C'est bon, je vous rends votre téléphone.

CE QUE DIT **LA LOI**

Depuis 2018, **l'utilisation des téléphones portables** et de tout autre équipement de communication électronique **est strictement interdite dans les écoles et collèges** pour améliorer le climat scolaire et les conditions d'apprentissage. (article L511-5 du Code de l'éducation). Dans les lycées, le règlement intérieur peut proscrire l'utilisation des appareils mentionnés dans tout ou une partie de l'établissement, ainsi que lors des activités organisées à l'extérieur. Les élèves en situation de handicap peuvent utiliser des dispositifs connectés si cela est nécessaire. Des circonstances spécifiques peuvent autoriser l'utilisation des téléphones pour des usages pédagogiques

Règles de confiscation et restitution

Confiscation : la confiscation d'un téléphone portable peut être effectuée en cas d'utilisation non autorisée. Le personnel éducatif a le droit de confisquer le téléphone pour garantir le bon déroulement des cours.

Durée de la confiscation : le règlement intérieur de l'établissement fixe les modalités de confiscation et de restitution. En général, la confiscation ne peut excéder la durée des activités d'enseignement de la journée. Cela signifie que le téléphone doit être restitué à l'élève à la fin de la journée scolaire, sauf disposition contraire spécifiée dans le règlement intérieur.

Règlement intérieur : les règles précises concernant la confiscation et la restitution doivent être clairement énoncées dans le règlement intérieur de l'établissement.

Exceptions : les élèves présentant un handicap ou un trouble de santé invalidant peuvent utiliser des équipements connectés si leur état de santé le nécessite.

Objectifs de la mesure

L'interdiction vise à **prévenir les incivilités, à améliorer la concentration** en classe, à **diminuer le harcèlement en ligne,** et à **protéger les élèves** des dangers liés à une utilisation inappropriée d'internet.

Expérimentation

À la rentrée 2024, **une « pause numérique » est testée** dans 199 collèges pour renforcer l'interdiction et améliorer le climat scolaire.

EN RÉSUMÉ

La confiscation d'un téléphone portable est autorisée en cas d'utilisation non conforme. La restitution doit se faire à la fin de la journée scolaire, conformément au règlement intérieur. Les élèves doivent être informés des règles spécifiques de leur établissement concernant la confiscation et la restitution des téléphones.

Vous demandez l'allocation de solidarité aux personnes âgées

Enfant : Je te donne cette somme, mais je ne vais pas pouvoir continuer à te donner autant d'argent. Te devrais faire une demande d'ASPA.

Parent : Mais cette aide n'est qu'une avance de l'État, elle est récupérable sur la succession. Et je ne veux pas que tu aies à rembourser cette avance.

LA MASDAKISATION

Enfant : Ce n'est pas tout à fait comme ça que cela fonctionne. Il faut la demander.

Parent : Je vais faire la demande.

CE QUE DIT LA LOI

L'allocation de solidarité aux personnes âgées (Aspa) est une **prestation mensuelle destinée aux retraités vivant en France avec de faibles ressources,** qu'il s'agisse de revenus ou de patrimoine. Elle est versée par votre caisse de retraite. Son montant dépend de votre situation familiale. En 2016, parmi les 646 800 personnes de 65 ans ou plus répondant aux critères de ressources, seules 325 700 bénéficiaient effectivement du minimum vieillesse, soit un taux de non-recours de 50 % (étude échantillon interrégimes de retraités).

Conditions d'éligibilité à l'ASPA

Âge : à partir de 65 ans, ou 60 ans en cas d'inaptitude au travail.

Ressources : ne pas dépasser un montant maximal de 1 012,02 € brut par mois (depuis le 1er janvier 2024) pour une personne seule ; pour un couple, 1 571,16 €. (Code de la sécurité sociale, articles L815-1 à L815-6).

Résidence : résider de manière stable en France (séjourner en France pendant plus de 9 mois l'année de versement de l'ASPA). Pour les étrangers, il faut résider de manière stable en France (métropole ou DOM) et y séjourner plus de 9 mois par an. Vous devez être titulaire d'un titre de séjour valide depuis 10 ans, réfugié, apatride, sous protection subsidiaire, combattant pour la France, ressortissant de l'EEE ou de la Suisse, ou originaire de certains pays (sous conditions).

Récupération sur succession

Il est vrai que **l'ASPA est récupérable sur la succession,** mais cela ne s'applique que si l'actif net (montant de la succession après déduction des dettes et des frais, tels que les impôts, loyers et frais d'obsèques à régler) de la succession **dépasse un certain seuil** revalorisé chaque année en fonction de l'inflation. En métropole, ce seuil est fixé à 105 300 € pour les décès intervenus en 2024 (Code de la sécurité sociale, articles L815-1 à L815-6). Si l'actif net est inférieur à ce montant, il n'y a pas de récupération.

EN RÉSUMÉ

Vous pouvez demander l'ASPA si vous remplissez les conditions d'âge, de ressources et de résidence. Lors du décès du bénéficiaire de l'Aspa, si la valeur nette de son patrimoine excède 105 300 €, la caisse de retraite ou l'État se réserve le droit de récupérer les sommes versées au titre de l'Aspa, mais uniquement sur la part qui dépasse ce seuil. Pour les résidents de Guadeloupe, Guyane, Martinique, La Réunion, Saint-Barthélemy et Saint-Martin, ce seuil est fixé à 150 000 €. Si l'actif est inférieur, il n'y a pas de remboursement à effectuer par les héritiers. Attention ces seuils sont revalorisés régulièrement, il convient donc de les vérifier périodiquement.

Vous ne souhaitez pas faire don de vos organes après votre mort

Patient : Je ne veux pas faire don de mes organes.

Médecin : Attention, en France, le consentement au don d'organes est présumé.

LA MASDAKISATION

Patient : Cela veut dire qu'on est tous donneurs à notre décès ?

Médecin : Oui, sauf si vous avez fait connaître votre refus de votre vivant, mais sachez que le don d'organes peut sauver des vies...

Patient : Merci pour l'information.

CE QUE DIT **LA LOI**

Consentement présumé

En France, le consentement au don d'organes est présumé. Cela signifie que si vous n'avez pas exprimé votre refus de votre vivant, **on considère que vous êtes d'accord pour que vos organes soient prélevés lors de votre décès** (article L1232-1 du Code de la santé publique). Avant tout prélèvement, il est procédé à la recherche d'informations pour vérifier si vous avez émis un désaccord.

Expression du refus

Vous pouvez refuser le prélèvement de vos organes en vous **inscrivant au registre national des refus des dons d'organes** (article R1232-5 à R1232-14 du Code de la santé publique). Vous avez également la possibilité d'exprimer votre refus par écrit et de confier ce document à un proche. Ce document doit être daté et signé par vous, en indiquant votre nom, prénom, date et lieu de naissance (article R1232-4-4 à R1232-4-7 du Code de la santé publique). De plus, un proche peut faire valoir votre refus manifesté oralement de votre vivant, qui sera alors transcrit par écrit par ce proche et l'équipe de coordination hospitalière de prélèvement.

Gratuité et anonymat

Le prélèvement d'organes est gratuit et anonyme. **Cela vise à prévenir le commerce d'organes humains** et à assurer que ni la famille du donneur ni le receveur ne connaissent l'identité de l'autre (article L1211-1 à L1211-9 du Code de la santé publique).

Procédure de prélèvement

Le prélèvement d'organes ne peut être effectué qu'**à des fins thérapeutiques ou scientifiques** (article L1232-1 à L1232-6 du Code de la santé publique). La mort du donneur doit être médicalement constatée par des médecins qui n'appartiennent pas aux équipes en charge des greffes (arrêté du 29 octobre 2015). Un entretien avec les proches a lieu après l'annonce du décès pour les informer de la nature, de la finalité et de la procédure du prélèvement (arrêté du 16 août 2016).

EN RÉSUMÉ

Le consentement au don d'organes est présumé en France, sauf si vous avez exprimé un refus explicite. Vous avez la possibilité d'enregistrer ce refus dans le registre national ou de le notifier par écrit. Le prélèvement, anonyme et gratuit, se fait uniquement à des fins médicales et peut sauver des vies, offrant ainsi une chance à d'autres en cas de besoin.

On vous a volé vos affaires dans votre chambre d'hôpital

Infirmier : Vous pouvez déposer vos objets de valeur. Remplissez le formulaire de dépôt.

Patient : Merci, mais je préfère garder mes affaires avec moi.

Quelques jours plus tard.

Patient : On m'a volé toutes mes affaires. L'hôpital est responsable de plein droit.

LA MASDAKISATION

Infirmier : Vous étiez en mesure de déposer vos objets de valeur auprès de nous dès votre arrivée, comme je vous l'ai dit. À partir de là, la responsabilité de l'hôpital ne peut être engagée.

Patient : C'est bon, j'ai compris, j'ai eu tort.

CE QUE DIT LA LOI

Lors d'un séjour dans un établissement de santé ou dans des établissements sociaux ou médico-sociaux hébergeant des personnes âgées ou des adultes handicapés, qu'ils soient publics ou privés, **les patients ont la possibilité de déposer leurs objets de valeur pour en assurer la sécurité.** Conformément à l'article L1113-1 du Code de la santé publique, ces établissements sont légalement responsables de plein droit du vol, de la perte ou de la détérioration des objets déposés auprès des personnes ou services habilités à cet effet. Conformément à l'article R1113-1 du même code, l'établissement est tenu d'informer le patient des modalités de dépôt disponibles. De plus, l'article L1113-4 du Code de la santé publique établit la responsabilité de l'hôpital en cas de vol, de perte ou de détérioration des objets confiés. En revanche, si le patient décide de conserver ses objets avec lui, l'hôpital ne sera pas tenu pour responsable en cas de vol ou de perte.

Démarches et étapes pratiques

Dépôt des objets : lors de l'admission, demandez à déposer vos objets de valeur au service d'admission.

Obtention d'un reçu : assurez-vous de recevoir un reçu.

En cas de vol : signalez immédiatement l'incident à la direction de l'hôpital et conservez toute preuve (témoignages, rapport de police).

Demande d'indemnisation : adressez votre demande à la direction de l'hôpital avec les preuves collectées.

Risques et conséquences en cas de non-respect

Risques : en cas de vol des objets non déposés, vous ne pourrez pas obtenir d'indemnisation de l'hôpital.

Recours juridiques : en cas de litige, une action en justice sera difficile si les objets n'ont pas été déposés.

EN RÉSUMÉ

Pour protéger vos objets de valeur lors d'un séjour à l'hôpital, il est recommandé de les déposer auprès de l'établissement, en demandant un reçu. Informez-vous sur les procédures dès votre admission et signalez tout incident rapidement en cas de vol.

On se moque de votre accent

Ami 1 : Tu as prévu quoi pour ce week-end ? *(Dit avec un accent.)*
Ami 2 : Tu peux faire un effort quand tu parles. Ton accent m'insupporte.

LA MASDAKISATION

Ami 1 : Tu n'as pas le droit de te moquer de mon accent. Tu risques une amende et une peine de prison. Donc, arrête ça tout de suite ou je te traîne en justice.
Ami 2 : C'est bon, j'arrête.

CE QUE DIT **LA LOI**

La discrimination fondée sur l'accent, bien que non mentionnée explicitement dans l'article 225-1 du Code pénal, est prohibée en tant qu'élément lié à l'origine ou à l'apparence physique. En cas de discrimination, la victime peut saisir la justice pour obtenir réparation. Des exceptions existent dans certains emplois nécessitant des compétences linguistiques spécifiques. En 2020, l'Assemblée nationale a voté une proposition de loi pour interdire explicitement cette discrimination, mais elle n'a pas encore été examinée par le Sénat, le texte n'est plus à l'ordre du jour.

Obligations légales

La loi interdit toute forme de discrimination, directe ou indirecte, fondée sur des caractéristiques telles que l'origine, qui peut inclure un accent. **Se moquer ou désavantager quelqu'un en raison de son accent peut donc être assimilé à un acte discriminatoire.**

Droits des parties

Une personne victime de discrimination en raison de son accent a le droit de **demander réparation.** Elle peut également signaler ces comportements aux autorités compétentes, ou, en cas de contexte professionnel, aux instances de contrôle du travail.

Étapes pour faire valoir ses droits

- Exprimer son désaccord directement à la personne concernée.
- Rassembler des preuves (témoignages, enregistrements) pour étayer sa demande.
- Déposer une plainte auprès des autorités compétentes (police, gendarmerie) ou saisir le tribunal pour faire valoir ses droits.

Conséquences en cas de non-respect de la loi

Toute personne reconnue coupable de discrimination basée sur l'accent, considéré ici comme un élément d'origine ou d'apparence physique, s'expose à des sanctions pouvant inclure une **amende de 45 000 euros et une peine de prison de 3 ans.**

EN RÉSUMÉ

La discrimination fondée sur l'accent peut être sanctionnée comme une forme indirecte de discrimination liée à l'origine. Elle est passible d'une amende de 45 000 euros et de 3 ans d'emprisonnement. Une proposition de loi spécifique contre cette discrimination reste bloquée au Sénat, malgré un large soutien à l'Assemblée nationale. Pour porter plainte, il est essentiel de collecter des preuves solides.

Vous êtes contrôlé par la police municipale

Policier : Bonjour, contrôle d'identité.
Passant : Mais pourquoi ? Quelle infraction ai-je faite ?
Policier : On contrôle le périmètre. Soyez coopératif.

LA MASDAKISATION

Passant : Vous êtes la police municipale, vous n'êtes pas habilité à contrôler l'identité d'un individu. Mais je n'ai rien à me reprocher, donc voici ma carte vitale.
Policier : Il me faut une pièce d'identité officielle (carte d'identité, passeport).
Passant : Je peux justifier de mon identité par tout moyen.
Policier : Bon, j'annule le contrôle.

CE QUE DIT LA LOI

Les agents de police judiciaire adjoints (article 21 du Code de procédure pénale) sont habilités à relever l'identité des contrevenants pour dresser les procès-verbaux concernant des contraventions aux arrêtés de police du maire, des contraventions au Code de la route que la loi et les règlements les autorisent à verbaliser ou des contraventions qu'ils peuvent constater en vertu d'une disposition législative expresse. Les agents de la police municipale exercent en tant qu'agents de police judiciaire adjoints. Ils sont soumis à des règles strictes (article 78-6 du Code de procédure pénale) et ne peuvent pas procéder à un contrôle d'identité sans être sous l'ordre et la responsabilité d'un officier de police judiciaire (OPJ). Selon l'article 78-2 du Code de procédure pénale, le contrôle d'identité peut être préventif. Ce type de contrôle est réservé aux officiers de police judiciaire. **Les forces de l'ordre habilitées à effectuer un contrôle d'identité comprennent :**

- **L'officier de police judiciaire (OPJ)**.
- **Les agents de police judiciaire**.
- **Certains agents de police judiciaire adjoints.**
- **Les douaniers.**

Démarches et étapes pratiques en cas de contrôle

Rester calme et courtois : adoptez une attitude respectueuse pour désamorcer la tension.
Écouter et demander des explications : il est important de comprendre les raisons du contrôle afin de déterminer sa légitimité.
Justification de l'identité : vous pouvez justifier votre identité par divers moyens, comme une carte vitale. Toutefois, il est préférable de présenter une pièce d'identité officielle (carte d'identité ou passeport).
En cas de refus : si le policier refuse d'accepter votre justification, demandez-lui de vous montrer son badge ou sa carte professionnelle.
Recours en cas d'abus : si vous estimez que le contrôle est abusif, vous avez le droit de déposer une plainte auprès de l'Inspection Générale de la Police Nationale (I.G.P.N.).

Risques et conséquences en cas de non-respect

Risques : un contrôle d'identité effectué sans motif valable peut constituer une violation des droits de la personne contrôlée.
Recours juridiques : vous pouvez contester un contrôle abusif en déposant une plainte pour abus de pouvoir.

EN RÉSUMÉ

Les agents de la police municipale ne peuvent contrôler l'identité d'une personne que s'ils disposent de raisons plausibles de soupçonner une infraction. En l'absence de telles raisons, vous êtes en droit de contester le contrôle.

Un policier refuse de prendre votre plainte

Victime : Je viens déposer plainte pour le vol en banlieue de mon téléphone et de mes papiers.

Policier : Ce n'est pas la peine de porter plainte, on ne retrouvera pas vos affaires et en plus ici c'est un commissariat parisien. Rapprochez-vous du commissariat du lieu des faits.

LA MASDAKISATION

Victime : Vous êtes tenu d'enregistrer toutes les plaintes des victimes d'infractions pénales. Et, dans le cadre du guichet unique, je peux déposer plainte dans n'importe quel commissariat.

Policier : C'est bon, j'enregistre votre plainte.

CE QUE DIT LA LOI

Les forces de l'ordre, policiers ou gendarmes, ont l'obligation légale de recevoir toute plainte déposée par une victime, en vertu de l'article 15-3 du Code de procédure pénale. Ce principe est renforcé par l'article 5 de la Charte d'accueil du public et d'assistance aux victimes et le Code de déontologie de la police et de la gendarmerie. **Les policiers ne peuvent donc pas refuser d'enregistrer une plainte** ni proposer une main courante à la place, car cette dernière n'entraîne pas forcément une enquête.

Fondements légaux du droit de porter plainte

Article 15-3 du Code de procédure pénale : cet article dispose que les officiers et agents de police judiciaire doivent recevoir les plaintes, même si elles sont déposées dans une unité non compétente territorialement. La plainte sera alors transmise au service adéquat.

Charte d'accueil du public et d'assistance aux victimes : elle rappelle le droit de toute personne de déposer plainte dans n'importe quel commissariat ou brigade de gendarmerie, indépendamment de leur localisation.

Article R434-20 du Code de la sécurité intérieure : cet article du Code de déontologie impose aux policiers et gendarmes d'accorder une attention particulière aux victimes, garantissant confidentialité et qualité de prise en charge.

En cas de refus de prise de plainte

Rappeler vos droits : mentionnez calmement l'article 15-3 du Code de procédure pénale et la Charte d'accueil du public.
Refuser de déposer une main courante.
Porter plainte ailleurs.
Demander le RIO : numéro d'immatriculation des agents.
Parler à un supérieur
Déposer plainte par écrit : vous pouvez écrire directement au procureur de la République (article 40 du Code de procédure pénale).
Utiliser le service de préplainte en ligne.
Contacter le procureur de la République.

Recours en cas de refus

Saisir le défenseur des droits.
Signaler aux inspections générales.
Consulter un avocat.

EN RÉSUMÉ

Les forces de l'ordre sont tenues de recevoir les plaintes concernant des infractions définies par le Code de procédure pénale. L'article 15-3 impose aux officiers de police judiciaire de prendre en charge ces plaintes. Un refus peut être justifié lorsque les faits évoqués relèvent manifestement de litiges civils sans infraction avérée, comme des loyers impayés...

VOITURE

FINI LES LITIGES ⚡ FINI LES ARNAQUES

Des embrouilles avec votre assurance, des contraventions que vous jugez excessives, des accrochages dans la rue… tels sont les petits riens qui parsèment votre quotidien en tant qu'automobiliste. Masdak vous aide dans vos démarches.

Votre garagiste ne vous rend pas votre voiture à la date prévue

Client : Cela fait deux fois en un mois que je viens chercher ma voiture, et à chaque fois, vous me dites de revenir plus tard et je n'ai toujours pas ma voiture. Cette fois j'espère qu'elle est prête.

Garagiste : Désolé, mais elle n'est toujours pas prête, revenez dans deux semaines.

LA MASDAKISATION

Client : D'après le Code de la consommation, vous devez exécuter votre prestation sans retard au plus tard 30 jours après la conclusion du contrat.

Garagiste : Ok, c'est bon. Promis, elle sera prête cet après-midi.

CE QUE DIT LA LOI

Il est assez courant qu'un garagiste ne précise pas de délai pour la réparation de votre véhicule. Pourtant, **la loi impose que ce délai soit mentionné, de préférence dans un ordre de réparation écrit.** Cet ordre, qui constitue un contrat entre vous et le garagiste, doit obligatoirement stipuler la durée maximale de la réparation (L216-1 du Code de la consommation). Bien que ces informations soient légales, beaucoup de conducteurs négligent de faire rédiger ce document par écrit, privilégiant des accords oraux ou des devis informels.

Recours en cas de retard

Mise en demeure : si le garagiste ne respecte pas le délai imparti, vous pouvez lui adresser une lettre recommandée avec accusé de réception pour le mettre en demeure de restituer votre véhicule. Dans cette lettre, vous pouvez lui indiquer un délai raisonnable pour exécuter la prestation.

Résolution du contrat : si, après ce délai, le garagiste ne vous a toujours pas restitué votre véhicule, vous pouvez envisager de mettre fin au contrat. Cette résiliation sera effective à la réception de votre lettre par le garagiste, sauf si celui-ci s'exécute entre-temps.

Dommages et intérêts : en cas de préjudice causé par ce retard (comme des frais de location d'un véhicule de remplacement), vous pouvez également demander des dommages et intérêts.

Exclusions et précautions

Il est important de noter que **si le retard est dû à des circonstances exceptionnelles** (comme un problème d'approvisionnement de pièces), cela peut être considéré comme un retard justifié. Dans ce cas, le garagiste pourrait ne pas être tenu responsable.

Conseils pratiques

Conservez tous les documents relatifs à votre contrat et à vos échanges avec le garagiste. En cas de litige persistant, vous pouvez envisager de contacter une association de consommateurs ou de saisir un tribunal compétent pour faire valoir vos droits.

EN RÉSUMÉ

Si votre garagiste ne vous rend pas votre voiture dans le délai prévu, vous pouvez lui adresser une mise en demeure et, si nécessaire, mettre fin au contrat après un délai raisonnable. Vous avez également le droit de demander des dommages et intérêts pour le préjudice subi.

Malgré une réparation récente votre voiture est toujours en panne

Conducteur : Ma voiture fait toujours le même bruit ! Vous ne l'avez pas réparé.

Garagiste : Je l'ai réparé ce matin ! Laissez le véhicule. Comptez 400 € pour les nouvelles réparations.

LA MASDAKISATION

Conducteur : D'après la loi, vous êtes tenu d'une obligation de résultat. Cela signifie que vous devez me rendre le véhicule parfaitement réparé et en bon état de fonctionnement.

Garagiste : OK. Je vous répare votre voiture de suite.

CE QUE DIT **LA LOI**

Obligation de résultat du garagiste

Le garagiste est tenu par une obligation de résultat, ce qui signifie **qu'il doit restituer le véhicule en parfait état de marche après ses réparations.** En cas de persistance de la panne, sa responsabilité est présumée, et il doit prouver qu'il n'a commis aucune faute, ou que la nouvelle panne n'a aucun lien avec son intervention initiale (Cass. 1re civ. 27 septembre 2017, 16-24.739).

Responsabilité en cas de panne similaire

Si la même panne survient après la réparation, **le garagiste est présumé fautif.** Il est tenu de prendre en charge les frais de remise en état et d'indemniser le client pour les coûts liés aux immobilisations, dépannages, ou encore aux locations de véhicule de remplacement.

Exonération de responsabilité

Pour s'exonérer de sa responsabilité, **le garagiste doit démontrer qu'il n'a pas commis de faute** ou qu'il n'existe aucun lien entre son intervention et la panne récurrente.

Étapes pour faire valoir vos droits

Informer le garagiste par écrit : signaler par écrit la persistance de la panne, en rappelant son obligation de résultat.
Conserver une copie : garder toutes les correspondances pour disposer de preuves en cas de litige.
Contacter un médiateur ou l'inspection du travail si le garagiste refuse de respecter ses obligations.

Informations complémentaires

Si vous avez une garantie protection juridique, c**ontactez votre assurance pour déclarer le sinistre** et obtenez leur accord avant toute nouvelle réparation.

EN RÉSUMÉ

Un garagiste est tenu de réparer votre véhicule et de le restituer en parfait état de marche. En cas de panne récurrente, il est présumé responsable et doit prendre en charge les frais de remise en état. Conservez toujours une preuve écrite de votre réclamation, et faites appel à une garantie protection juridique si besoin.

Votre garagiste a effectué des réparations supplémentaires sans votre consentement

Garagiste : Votre voiture est réparée. Voici la facture.

Client : Il y a une erreur. Le devis initial était de 200 € et vous me demandez 290 €.

Garagiste : Oui, j'ai fait une réparation supplémentaire nécessaire pour la sécurité de votre véhicule.

LA MASDAKISATION

Client : Vous ne m'avez pas consulté et vous n'avez pas précisé cette réparation supplémentaire sur le devis que j'avais validé. Je ne paye donc pas les réparations supplémentaires.

Garagiste : C'est bon, je ne vous fais pas payer.

CE QUE DIT LA LOI

Lorsque vous déposez votre voiture chez un garagiste, **il est impératif de signer un devis qui détaille toutes les réparations à effectuer.** Ce document engage le garagiste à ne réaliser que les travaux spécifiés. S'il exécute des réparations non autorisées, il ne respecte pas son obligation d'information, disposée dans l'article L111-1 du Code de la consommation.

Vos droits face aux réparations non autorisées

Un garagiste n'a pas le droit d'effectuer des réparations sans votre accord (article L121-12 du Code de la consommation). Si vous constatez que des travaux ont été réalisés sans votre consentement, vous pouvez contester la facture. Si des réparations non prévues dans le devis ont été faites, vous êtes en droit de refuser de payer. En cas de paiement déjà effectué, le garagiste doit vous rembourser l'intégralité des sommes versées pour les réparations non autorisées.

Recours possibles en cas de litige

Demander des explications : à votre reprise de véhicule, demandez des justifications au garagiste concernant les réparations effectuées sans votre accord.

Mise en demeure : si le garagiste refuse de reconnaître son erreur et insiste pour le paiement, vous pouvez lui envoyer une mise en demeure par lettre recommandée, en rappelant l'absence de votre consentement.

Médiation : si le conflit persiste, le recours à un médiateur de la consommation peut être envisagé pour tenter de résoudre le litige à l'amiable.

Action en justice : si aucune solution n'est trouvée, vous pouvez saisir le tribunal compétent pour demander l'annulation des sommes dues et le remboursement des travaux non sollicités.

Droit de rétention du garagiste

Il est important de savoir que le garagiste a un droit de rétention sur votre véhicule, mais uniquement **si vous refusez de payer pour les réparations qui étaient clairement stipulées dans le devis.** En vertu de l'article 1612 et de l'article 1948 du Code civil, il peut conserver le véhicule tant que le paiement est dû. En revanche, s'il a effectué des travaux supplémentaires sans votre autorisation, il n'a pas le droit de retenir votre véhicule.

EN RÉSUMÉ

Vous n'êtes pas tenu de payer pour des réparations réalisées sans votre consentement. Il est crucial de faire valoir vos droits en demandant des explications et en suivant les étapes nécessaires pour contester la facture. Rester informé et agir rapidement sont les clés pour protéger vos intérêts en tant qu'automobiliste.

Vous vous êtes fait flasher pour excès de vitesse inférieur à 20 km/h

Conducteur : Je me suis fait flasher, 4 ou 5 km/h de plus que la vitesse autorisée. Je vais perdre un point. En plus, je suis jeune conducteur.

Ami : Mais non, tu ne vas perdre aucun point !

Conducteur : Mais si, pour un excès de vitesse inférieur à 20 km/h c'est un point en moins.

LA MASDAKISATION

Ami : Non, depuis le 1er janvier 2024, il n'y a plus de perte de point pour les excès de vitesse inférieurs à 5 km/h. De plus, il y a un seuil de tolérance de 5 km/h avec les radars.

Conducteur : Génial ! Je suis rassuré.

CE QUE DIT LA LOI

Changement de réglementation : depuis le 1er janvier 2024, les excès de vitesse inférieurs à 5 km/h ne font plus l'objet d'un retrait de point. Un seuil de tolérance de 5 km/h s'applique également.

Sanctions en cas d'excès de vitesse

Excès de vitesse inférieur à 5 km/h : amende de 68 € (vitesse > 50 km/h) ou 135 € (vitesse ≤ 50 km/h), aucun retrait de point.

Excès de vitesse entre 5 km/h et 19 km/h : amende de 68 € (hors agglomération) ou 135 € (en agglomération), retrait de 1 point.

Excès de vitesse entre 20 km/h et 29 km/h : amende de 135 €, retrait de 2 points.

Excès de vitesse entre 30 km/h et 39 km/h : amende de 135 €, retrait de 3 points.

Excès de vitesse entre 40 km/h et 49 km/h : amende de 135 €, retrait de 4 points.

Excès de vitesse supérieur à 50 km/h : amende jusqu'à 1 500 €, retrait de 6 points, sanctions complémentaires possibles.

Informations complémentaires

Les **jeunes conducteurs sont soumis aux mêmes règles** pour les excès de vitesse inférieurs à 5 km/h.

Les **amendes peuvent être minorées en cas de paiement rapide** (dans les 15 jours) ou majorées en cas de retard (au-delà de 45 jours).

EN RÉSUMÉ

Désormais, aucun point ne sera retiré pour un excès de vitesse inférieur à 5 km/h. Pour les excès entre 5 km/h et 19 km/h, une amende de 68 € ou 135 € sera appliquée, avec un retrait de 1 point.

Vous contestez un excès de vitesse suite à un flash radar

Ami 1 : Je suis convoqué au tribunal. Je me suis fait flasher par un radar pour un excès de vitesse supérieure à 40 km/h. Je risque une suspension du permis et jusqu'à 750 € d'amende.

Ami 2 : Tu abuses toi aussi.

LA MASDAKISATION

Ami 2 : Tu peux faire sauter ton amende et ta condamnation. Au tribunal, demande le carnet métrologique du radar. En l'absence de ce document ou si des contrôles réguliers n'ont pas été effectués sur le radar, le juge peut ordonner la relaxe.

Ami 1 : Merci.

CE QUE DIT LA LOI

Lorsqu'un automobiliste reçoit une contravention pour excès de vitesse et qu'il est convoqué au tribunal, il a la possibilité de contester cette amende en vérifiant la conformité de l'appareil de mesure utilisé. Un élément clé dans ce processus est le **carnet métrologique,** qui sert de « carnet de santé » du radar, il garantit sa fiabilité et atteste de l'homologation et de l'entretien régulier du radar. Sans ce document, l'amende pourrait être annulée.

Règle de droit

L'arrêté du 4 juin 2009 régit les contrôles métrologiques des cinémomètres (radars). Ces contrôles incluent une **vérification initiale à l'installation, des inspections périodiques** (tous les 2 ans jusqu'à la quatrième année, puis annuellement), ainsi que des contrôles après réparation.

En cas de litige, l'absence de ce carnet ou des anomalies constatées dans son contenu peuvent entraîner la nullité des poursuites, comme l'a confirmé la jurisprudence de la Cour de cassation, notamment dans les arrêts du 8 janvier 2019 et du 28 mars 2018.

Démarches pratiques pour le carnet métrologique

– Demandez le dossier pénal : si vous êtes convoqué au tribunal, sollicitez une copie du dossier pénal auprès du procureur de la République.

– Effectuez une demande de supplément d'information : si le carnet n'est pas inclus dans le dossier, demandez au tribunal d'ordonner sa production. Cette demande doit être formalisée par écrit avant l'audience.

– Présentez vos arguments lors de l'audience : si le carnet n'est toujours pas fourni, cela constitue un défaut de preuve qui peut mener à l'annulation de votre contravention.

Risques et conséquences

En l'absence de production du carnet métrologique, le juge peut annuler l'amende et relaxer l'automobiliste.

Cela s'applique également aux éthylomètres en cas de contrôle d'alcoolémie.

EN RÉSUMÉ

La demande du carnet métrologique lors de votre comparution au tribunal peut être déterminante. En son absence ou si des irrégularités sont relevées, ce document, indispensable pour garantir entre autres la fiabilité et la conformité des radars, peut suffire à faire classer une contravention sans suite. Préparez soigneusement votre dossier et, si nécessaire, sollicitez l'aide d'un avocat spécialisé pour renforcer votre défense.

Vous êtes verbalisé pour non apposition de la vignette verte d'assurance

Agent : Papiers du véhicule, s'il vous plaît.

Automobiliste : Oui, bien sûr.

Agent : Il manque l'attestation d'assurance et je ne vois pas la vignette verte collée sur le pare-brise. Ce sera une amende de 35 €.

LA MASDAKISATION

Automobiliste : Depuis le 1er avril 2024, il n'est plus obligatoire d'apposer une vignette verte sur son véhicule. La vignette est dématérialisée.

Agent : C'est bon, vous êtes référencé dans le fichier.

CE QUE DIT **LA LOI**

Depuis le 1er avril 2024, la vignette verte d'assurance automobile n'est plus requise. Cette obligation a été remplacée par un système numérique, le Fichier des véhicules assurés (FVA), qui permet aux forces de l'ordre de vérifier l'assurance d'un véhicule simplement en utilisant sa plaque d'immatriculation. Ce changement est conforme au décret du 8 décembre 2023.

Règle de droit

Le FVA est géré par l'Association pour la Gestion des Informations sur le Risque en Assurance (AGIRA). **Ce fichier centralisé contient tous les véhicules assurés en France.** Les forces de l'ordre peuvent accéder à ce fichier pour vérifier l'assurance des véhicules à partir de leur plaque d'immatriculation.

L'assurance automobile reste obligatoire. Les assureurs ont l'obligation de déclarer la souscription et la résiliation des contrats d'assurance dans un délai de 72 heures.

Contexte d'application

La suppression de la vignette implique qu'il n'est plus nécessaire de l'afficher physiquement sur le véhicule. Il est cependant **crucial de pouvoir prouver que le véhicule est assuré,** soit via le FVA, soit par un document fourni par l'assureur.

Démarches pratiques

Vérification dans le FVA : vous pouvez consulter le statut d'assurance de votre véhicule en ligne sur le site consultation-fva.fr en saisissant votre numéro de plaque d'immatriculation.

Notification à l'agent lors d'un contrôle : si l'agent ne voit pas la vignette, vous devez lui expliquer qu'elle n'est plus requise et que votre véhicule est inscrit dans le FVA.

Contact avec l'assureur : si votre véhicule n'apparaît pas dans le FVA alors que vous avez une assurance, contactez immédiatement votre assureur pour rectifier la situation.

Risques en cas de non-respect

Si vous ne pouvez pas prouver que votre véhicule est assuré, **vous risquez une amende pouvant atteindre 3 750 €** pour conduite sans assurance. Il est donc impératif de s'assurer que votre assureur a bien déclaré votre véhicule dans le FVA.

EN RÉSUMÉ

Depuis le 1er avril 2024, l'absence de vignette verte sur votre pare-brise ne peut plus être un motif de verbalisation, à condition que votre véhicule soit correctement assuré et inscrit dans le FVA. En cas de contrôle, soyez prêt à fournir les informations nécessaires à l'agent et à vérifier votre statut d'assurance pour éviter toute sanction.

Vous recevez une contravention, mais vous n'étiez pas au volant

Ami 1 : J'ai reçu une contravention pour franchissement d'une ligne continue. C'était un PV à la volée. Et ce n'était pas moi au volant. Je suis dégoûté.

Ami 2 : Tu peux contester la contravention !

Ami 1 : Oui, mais je dois dénoncer la personne qui conduisait et je ne veux pas faire cela.

LA MASDAKISATION

Ami 2 : Non, aucun texte de loi n'oblige à désigner le vrai conducteur. Cette obligation s'applique juste pour les personnes morales. C'est à l'État de prouver qui conduisait, ce qui est quasi impossible pour les PV à la volée, car il n'y a pas d'interpellation au moment de l'infraction. Tu restes seulement redevable de l'amende.

Ami 1 : Tu me sauves !

CE QUE DIT **LA LOI**

Responsabilité pécuniaire

L'article L121-3 du Code de la route dispose que **le titulaire du certificat d'immatriculation du véhicule est redevable pécuniairement de l'amende** encourue pour certaines infractions, même s'il n'était pas au volant. Cela inclut les infractions constatées par des radars automatiques ou des caméras de surveillance.

Absence d'obligation de désignation pour les personnes physiques

L**es personnes physiques ne sont pas obligées de désigner le conducteur réel au moment de l'infraction.** Vous pouvez donc choisir de ne pas dénoncer votre ami et simplement payer l'amende, sans que cela entraîne de retrait de points sur votre permis de conduire.

Obligation de désignation pour les personnes morales

L'article L.121-6 du Code de la route **impose aux personnes morales de désigner le conducteur du véhicule au moment de l'infraction.** En cas de non-respect de cette obligation, l'entreprise peut être sanctionnée par une amende.

Informations complémentaires

Contestation de l'infraction : si vous souhaitez contester l'infraction, vous devez le faire dans un délai de 45 jours à compter de la réception de l'avis de contravention. Vous pouvez contester en ligne sur le site de l'ANTAI ou par courrier recommandé avec accusé de réception.

Conséquences de la contestation : en cas de contestation, le ministère public peut soit classer l'affaire sans suite, soit vous poursuivre devant le tribunal de police. Si vous êtes relaxé, vous ne serez pas redevable de l'amende ni des points de retrait.

EN RÉSUMÉ

Si vous recevez une contravention, mais que vous n'étiez pas au volant, vous n'êtes pas obligé de désigner le conducteur. Vous pouvez choisir de ne pas dénoncer et simplement payer l'amende, tout en gardant votre permis intact. Toutefois, cela ne vous exonère pas de vos responsabilités si vous êtes au courant d'un comportement fautif.

Vous recevez un procès-verbal pour une infraction routière

Ami 1 : Je viens de recevoir une contravention. Je vais la payer.

Ami 2 : Attends, lis bien le procès-verbal.

Ami 1 : Pourquoi ?

LA MASDAKISATION

Ami 2 : Il manque le nom et le matricule de l'agent verbalisateur. C'est l'une des mentions obligatoires sur le PV.

Ami 1 : Merci. Je vais contester.

CE QUE DIT LA LOI

Un procès-verbal (PV) de contravention doit respecter des mentions obligatoires pour être considéré valide. L'absence de ces informations peut constituer un vice de procédure et permettre une contestation. Voici les mentions essentielles qui doivent obligatoirement figurer sur un PV de contravention.

Identification de l'agent verbalisateur : le numéro de matricule de l'agent ou, à défaut, son nom et l'indication de son service.

Lieu précis de l'infraction : le lieu de l'infraction, y compris le point kilométrique ou le numéro de voie.

Date et heure de l'infraction.

Montant de l'amende forfaitaire.

Identification du véhicule : numéro d'immatriculation et éventuellement la marque du véhicule.

Retrait de points : indication du retrait de points et mention du traitement automatisé de ces derniers.

Qualification de l'infraction : la nature de l'infraction et l'article du Code de la route ou de l'arrêté municipal applicable.

Signature de l'agent verbalisateur.

Contestation en cas d'irrégularité

Si certaines de ces mentions sont absentes ou incorrectes, par exemple le nom et le matricule de l'agent verbalisateur, **cela peut constituer un vice de procédure.** En effet, selon l'article 429 du Code de procédure pénale, « tout procès-verbal ou rapport n'a de valeur probante que s'il est régulier en la forme ». Pour faire valoir ce type d'irrégularité, il est nécessaire de saisir un juge en formulant une contestation formelle.

Conseils pratiques pour contester un PV

Rassembler les preuves : si vous constatez des erreurs dans le PV, rassemblez toutes les preuves qui peuvent étayer votre contestation (témoignages, documents, photos, etc.).

Formuler la contestation : vous devez adresser une contestation au tribunal compétent. Vous pouvez contester l'amende en ligne via le site de l'ANTAI ou par voie postale en envoyant un courrier recommandé à l'officier du ministère public. Dans ce cas, n'oubliez pas d'inclure toutes les pièces justificatives nécessaires pour appuyer votre demande.

Demander l'annulation de l'amende si un vice de procédure est prouvé. Attention, il n'est pas conseillé de trop invoquer le vice de forme, car il ne s'applique qu'en cas de présentation incomplète des faits.

EN RÉSUMÉ

Un procès-verbal de contravention doit respecter des mentions légales pour être valable. L'absence de certaines informations, comme le nom de l'agent ou le lieu de l'infraction, permet de contester la contravention.

Vous avez laissé votre voiture stationnée au même endroit pendant plus de 7 jours

Ami 1 : J'avais laissé ma voiture dans la rue chez mes parents pendant mes vacances, et je viens de revenir… elle a disparu !

Ami 2 : Attends, combien de temps est-elle restée là ?

Ami 1 : 2 semaines… je pensais que ça irait.

LA MASDAKISATION

Ami 2 : Dès qu'un véhicule reste au même endroit plus de 7 jours, c'est du stationnement abusif. Et ta voiture a sûrement été mise en fourrière.

Ami 1 : Non, sérieusement ? Mais il n'y avait aucun panneau.

Ami 2 : Vérifie sur le site officiel si elle est en fourrière. C'est une infraction qui peut coûter cher avec les frais de fourrière.

Ami 1 : Je ne savais pas… merci pour l'info !

CE QUE DIT LA LOI

Le stationnement abusif

Selon l'article R417-12 du Code de la route, un stationnement est considéré abusif si un véhicule reste stationné au même endroit sur la voie publique ou ses dépendances pendant plus de **7 jours consécutifs** ou une période inférieure, mais excédant celle fixée par un arrêté municipal. Cette règle s'applique même si le véhicule est stationné dans un parking public sans limite de temps ou dans un parking privé à usage public.

Sanctions et contraventions

Le stationnement abusif est puni d'une contravention de deuxième classe avec **une amende de 35 €** (amende majorée à 75 € en cas de retard de paiement). En cas d'absence du conducteur ou de refus de déplacer le véhicule, une immobilisation et un enlèvement en fourrière peuvent être ordonnés, selon les articles L325-1 à L325-3 du Code de la route.

Enlèvement et frais supplémentaires

Lorsque le véhicule est mis en fourrière, des frais supplémentaires sont engagés pour l'enlèvement et la garde du véhicule. Ces frais peuvent rapidement s'accumuler, et si le véhicule n'est pas récupéré dans un délai imparti, il peut être mis en vente. **Il existe un service public en ligne** permettant de vérifier si un véhicule a été mis en fourrière. Pour ce faire, vous pouvez consulter le site officiel Interrogation fourrière du service public.

Variations locales

Certaines municipalités ont des règlements plus stricts, réduisant la durée autorisée pour stationner. Dans certaines villes, le stationnement peut être limité à 48 heures ou même 24 heures avant de devenir abusif, pour lutter contre les voitures « ventouses ».

EN RÉSUMÉ

Le stationnement abusif survient lorsqu'un véhicule reste stationné plus de 7 jours à un même endroit sur la voie publique. Cela peut entraîner une contravention de 35 €, voire des frais d'enlèvement et de garde si le véhicule est mis en fourrière. Certaines villes ont des règles encore plus strictes, avec des durées de stationnement limitées à 24 ou 48 heures. Il est donc important de vérifier les règles locales pour éviter des frais imprévus.

Vous recevez une contravention pour un délit commis un an plus tôt

Automobiliste : J'ai reçu hier une contravention pour excès de vitesse avec un de retrait de 2 points et une amende de 135 €.

Service de l'État : Vous devez payer.

LA MASDAKISATION

Automobiliste : Cette contravention date de plus de 1 an, et, d'après la loi, pour une contravention de type infraction, le délai de prescription est de 1 an. Donc je ne paye pas.

Service de l'État : C'est bon, vous avez raison.

CE QUE DIT LA LOI

L'article 9 du Code de procédure pénale dispose que la **prescription de l'action publique pour les contraventions est d'une durée de 1 année révolue.** Cela signifie que si l'infraction a été constatée il y a plus de 1 an et qu'aucune action n'a été engagée contre vous dans ce délai, vous ne pouvez plus être poursuivi et l'amende ne doit pas être payée.

Interruption de la prescription

Cependant, **la prescription peut être interrompue par certains actes,** réinitialisant ainsi le délai à zéro :

- L'émission d'une ordonnance pénale.
- La transmission du dossier au juge (réquisitions d'ordonnance pénale ou soit-transmis).
- La consultation des fichiers administratifs comme le Fichier national des permis de conduire.
- L'envoi du dossier à un autre service dans le cadre d'une requête en exonération.
- L'émission du titre exécutoire de l'amende forfaitaire majorée.
- La contestation du titre exécutoire par le conducteur.

Rcoours en cas de contestation

Notification de la prescription : en cas de contestation, vous pouvez notifier le service des contraventions de la prescription en fournissant des éléments de preuve (comme la date de constatation de l'infraction).

Demande de restitution des points : si des points ont été retirés à tort, vous pouvez également demander leur restitution.

Attention, il n'est pas toujours évident de savoir si un acte interruptif de prescription a été effectué, car il est possible de ne pas en avoir connaissance. Il est donc conseillé de consulter un avocat ou de se renseigner auprès du tribunal de police pour vérifier si la prescription s'applique à votre cas.

EN RÉSUMÉ

Si vous recevez une contravention pour une infraction constatée plus de 1 an auparavant, vous pouvez invoquer la prescription de l'action publique. Conservez toutes les pièces justificatives relatives à la contravention et à la date de l'infraction.

Un livreur vous interdit de vous garer sur une place de livraison

Livreur : Vous n'avez pas le droit de vous garer ici, c'est une place de livraison.

Automobiliste : Il est 20 h 20.

Livreur : Et alors ?

LA MASDAKISATION

Automobiliste : Il s'agit d'une place de livraison avec traits jaunes en pointillés, donc c'est une place partagée.

Livreur : C'est bon. Je vais sur l'autre place de livraison.

CE QUE DIT LA LOI

Il est possible de stationner gratuitement sur des places de livraison en zone urbaine, sous réserve de respecter des horaires spécifiques et les règles locales définies par chaque maire pour sa commune (article R417-10 du Code de la route). Deux types de zones de stationnement réservées à la livraison existent, chacune avec ses propres règles.

Les zones de stationnement partagées

Les places de livraison **délimitées par des pointillés** sont partagées. Elles peuvent être utilisées pour le stationnement des véhicules entre 20 heures et 7 heures, du lundi au samedi, ainsi que les dimanches et jours fériés. En respectant ces horaires, vous pouvez vous garer sans risquer de contravention.

Les zones de livraison réservées

Les places de livraison **délimitées par des lignes** sont strictement réservées aux véhicules de livraison. Il est formellement interdit de stationner sur ces places en dehors des horaires autorisés. Il est donc essentiel de bien distinguer les différents types de zones avant de vous garer pour éviter toute amende. Les règles peuvent varier d'une municipalité à l'autre, il est donc recommandé de vous renseigner auprès de votre mairie pour connaître les détails précis.

Sanctions en cas de non-respect

En cas de stationnement gênant, les amendes peuvent varier selon la ville. Si vous stationnez sur une zone réservée ou si vous ne respectez pas les horaires des zones partagées, une amende vous sera appliquée. Le montant de l'amende dépend des lieux et peut être de 35 € ou 50 € selon la municipalité.

Risque de mise en fourrière

Dans les situations les plus graves, la police peut décider de faire enlever votre véhicule par la fourrière. En fonction de la ville, les frais de mise en fourrière et d'immobilisation peuvent varier.

EN RÉSUMÉ

Il est important de bien connaître les règles de stationnement pour les zones de livraison afin d'éviter les amendes et les frais supplémentaires. Soyez vigilant à la signalisation et respectez les horaires pour profiter de ces places sans risque. N'oubliez pas de vous informer auprès de votre municipalité locale pour connaître les spécificités applicables dans votre région.

Vous lavez votre voiture chez vous

Voisin 1 : Vous n'avez pas le droit de laver votre voiture, même chez vous.

Voisin 2 : Mais pourquoi, je suis chez moi.

LA MASDAKISATION

Voisin 1 : Laver sa voiture chez soi ou sur la voie publique est interdit et passible d'une amende de 450 € pouvant aller jusqu'à 2 ans de prison et 75 000 € d'amende, en cas de pollution par déversement d'eaux usées.

Voisin 2 : Ok, je ne savais pas. Je vais aller dans une station de lavage ou opter pour un lavage à sec plus écolo sans rinçage.

CE QUE DIT LA LOI

Le lavage de votre voiture, que ce soit à domicile ou sur la voie publique, **est soumis à des restrictions pour des raisons de protection de l'environnement.** Selon l'article L216-6 du Code de l'environnement, déverser ou laisser s'écouler dans les eaux superficielles, souterraines, ou maritimes des substances nuisibles est passible de 2 ans d'emprisonnement et de 75 000 euros d'amende. Cette interdiction inclut les eaux usées générées par le lavage d'un véhicule, qui peuvent contenir des substances polluantes.

Application de la règle

Lavage à domicile : si les eaux usées issues du lavage de votre véhicule s'écoulent vers les égouts ou directement dans la nature, cela peut être considéré comme un déversement de substances nuisibles et peut entraîner des sanctions pénales et financières.

Lavage sur la voie publique : de manière générale, laver son véhicule sur la voie publique est interdit, car cela peut engendrer des nuisances et des risques de pollution. Cette pratique est souvent passible d'une amende et peut être interdite par des arrêtés municipaux.

Alternatives

Pour éviter les risques d'infraction, **il est conseillé d'utiliser des stations de lavage professionnelles** qui respectent les normes environnementales en matière de traitement des eaux usées. Une autre option écologique consiste à **opter pour des méthodes de lavage à sec,** qui ne nécessitent pas d'eau et évitent les déversements de produits polluants.

EN RÉSUMÉ

Le lavage de voiture à domicile ou sur la voie publique peut être illégal si cela entraîne un déversement d'eaux usées nuisibles. Utiliser une station de lavage conforme ou des méthodes écologiques permet de respecter la législation en vigueur et d'éviter de potentielles sanctions.

Votre voiture est accidentée alors qu'elle est stationnée dans un parking

Automobiliste 1 : Vous avez abîmé ma voiture alors qu'elle était parfaitement bien stationnée.

Automobiliste 2 : Désolé. On ne fait pas de constat, car, comme nous sommes dans un parking public, le partage des responsabilités, c'est 50/50, et ainsi on évitera chacun le malus.

LA MASDAKISATION

Automobiliste 1 : Le Code de la route s'applique sur toutes les voies ouvertes à la circulation publique. De plus, c'est le conducteur du véhicule en mouvement qui est présumé responsable à 100 %. Le 50/50 dans un parking est un mythe !

Automobiliste 2 : C'est bon, j'assume mon erreur.

CE QUE DIT LA LOI

En cas d'accrochage dans un parking, les règles de responsabilité varient en fonction de la situation et de la nature du parking (public ou privé).

Types de parkings et règles applicables

Parking public : le Code de la route s'applique. Les règles de priorité, les limitations de vitesse et les précautions de circulation doivent être respectées.

Parking privé : les règles de circulation dépendent souvent du règlement intérieur. S'il n'y en a pas, ou si le Code de la route est spécifié, ce dernier est appliqué.

Responsabilité en cas d'accrochage

Véhicule à l'arrêt percuté : le véhicule en mouvement est responsable à 100 %, sauf si le véhicule à l'arrêt est mal garé.

Deux véhicules en mouvement : la responsabilité est déterminée en fonction des circonstances.

Sortie de stationnement : le véhicule qui quitte sa place ou sort du parking est toujours en tort.

Marche arrière simultanée : si les deux véhicules reculent en même temps, les torts sont partagés à 50/50.

Démarches pratiques en cas d'accident

Constat amiable : remplissez un constat amiable, même si vous êtes en désaccord avec l'autre conducteur sur la responsabilité.

Photographies : prenez des photos des dommages, de la position des véhicules et de la scène générale.

Témoignages : recueillez des témoignages si des personnes ont assisté à l'accident.

Déclaration d'assurance : informez votre assureur dans les 5 jours suivant l'accident.

Consultation juridique : en cas de litige, consultez un avocat spécialisé en droit des assurances pour obtenir des conseils sur la suite à donner.

EN RÉSUMÉ

Le conducteur d'un véhicule en mouvement est présumé responsable à 100 % des dommages causés à un véhicule stationné. Pour éviter des litiges, il est donc important de conduire prudemment et de s'assurer de bien stationner son propre véhicule dans des conditions sécurisées.

Vous établissez un constat amiable

Automobiliste 1 : Vous avez défoncé ma voiture. On va faire un constat.

Automobiliste 2 : Non, ce n'est pas la peine. Je m'en vais.

Automobiliste 1 : Vous avez le droit, mais donnez-moi au moins votre nom, adresse et numéro de contrat d'assurance.

Automobiliste 2 : Non, je m'en vais.

LA MASDAKISATION

Automobiliste 1 : Vous faites un délit de fuite et vous êtes 100 % responsable. Vous vous exposez à une amende, une peine de prison, un retrait de points et une annulation de permis...

Automobiliste 2 : D'accord. Je remplis le constat amiable.

CE QUE DIT LA LOI

Le constat amiable est un document officiel utilisé pour relater les circonstances d'un accident de la route. Il est **indispensable pour faciliter l'indemnisation des dommages matériels et corporels.**

Une fois signé par les deux parties, le constat amiable devient irrévocable. Il ne peut être modifié sans l'accord des deux parties concernées (article 1134 du Code civil). Si l'une des parties souhaite contester ou modifier les informations, elle doit obtenir l'accord de l'autre pour établir un nouveau constat, annulant ainsi le précédent.

Que faire si l'un des conducteurs refuse de remplir ou de signer le constat ?

Rester calme et méthodique. Même si un désaccord survient, l'autre conducteur peut toujours **indiquer ses remarques dans la section prévue à cet effet.** L'essentiel est de récolter les informations nécessaires sur l'autre conducteur : nom, prénom, adresse ; numéro d'immatriculation ; modèle et couleur du véhicule ; informations sur son assurance.

Procédures à suivre

1-Relevez la plaque d'immatriculation du véhicule de l'autre conducteur et collectez des témoignages.

2-Prenez des photos des véhicules, de leur position, des plaques d'immatriculation et des dégâts visibles.

3-Complétez le constat en mentionnant le refus de l'autre conducteur dans la section « Observations ».

4-Envoyez le constat à votre assureur dans les 5 jours suivant l'accident, même si vous êtes le seul à l'avoir signé.

Que faire si l'autre conducteur prend la fuite ?

Il s'agit d'un délit de fuite. Dans ce cas, **vous devrez immédiatement déposer une plainte** et fournir toutes les informations disponibles sur l'autre véhicule.

Risques pour le conducteur refusant de signer le constat

Le refus de signer le constat en lui-même n'est pas une infraction, mais si ce refus s'accompagne d'une volonté de se soustraire à ses responsabilités, cela constitue un délit de fuite. Le Code pénal prévoit des sanctions sévères pour ce type de comportement (article 434-10 du Code pénal), incluant : **des amendes, une suspension de permis de conduire, des peines de prison.**

EN RÉSUMÉ

Le constat amiable est un document clé pour l'indemnisation après un accident. Une fois signé, il ne peut être modifié sans l'accord des deux parties. Si l'autre conducteur refuse de remplir ou de signer le constat, il est important de récolter toutes les informations disponibles et de les envoyer à votre assureur dans les 5 jours. En cas de délit de fuite, il convient de porter plainte et de fournir toutes les informations nécessaires.

L'assurance refuse de vous indemniser pour le vol de votre voiture payée en espèces

Assureur : L'expert a remis son rapport pour le vol de votre véhicule. Nous allons vous indemniser. Comment avez-vous acheté votre véhicule ?

Automobiliste : En espèces. Et j'ai la facture d'achat.

Assureur : On ne peut pas vous indemniser. Nous voulons connaître l'origine des fonds.

LA MASDAKISATION

Automobiliste : D'après la loi, vous ne pouvez pas refuser la garantie d'assurance au motif que j'ai acheté ma voiture en espèces. L'indemnisation s'opère par référence à la valeur de remplacement définie par l'expert.

Assureur : C'est bon, je vous indemnise.

CE QUE DIT LA LOI

Refus d'indemnisation : achat en espèces

Le refus d'indemnisation basé sur un achat en espèces est une **pratique contestable de certains assureurs,** souvent justifiée par la lutte contre le blanchiment d'argent. Cependant, sans clause spécifique dans le contrat, ce refus peut être considéré comme illégal. Les assureurs s'appuient sur les articles L112-6 et D112-3 du Code monétaire et financier qui limite les paiements en espèces entre particuliers et professionnels à 1 000 €. Néanmoins, ils ne peuvent pas refuser une indemnisation simplement parce qu'un paiement en espèces soulève des doutes sur l'origine des fonds.

Responsabilité de l'assureur

- Le non-respect des règles concernant les paiements en espèces **relève des autorités compétentes,** et non de l'assureur.
- Le contrat d'assurance étant un contrat d'adhésion, **l'assureur ne peut pas contester le mode de paiement** lors de l'indemnisation.

Établissement du sinistre

- Si le sinistre est avéré et que vous pouvez prouver l'achat du véhicule, l'assureur est tenu de vous indemniser.
- Toutes les formes de preuve de paiement sont acceptables.

Doute sur l'origine des fonds

- En cas de suspicion concernant l'origine des fonds, **l'assureur doit informer les autorités compétentes** plutôt que de refuser l'indemnisation.
- Les tribunaux estiment que **c'est à l'assureur de signaler toute fraude potentielle,** et non à l'assuré d'être pénalisé.

EN RÉSUMÉ

L'achat d'un véhicule en espèces ne peut pas être utilisé par l'assureur comme motif de refus d'indemnisation en cas de vol. Si le sinistre est établi et que le paiement est prouvé, l'assureur doit verser l'indemnité. En cas de doute sur l'origine des fonds, c'est aux autorités compétentes de prendre les mesures appropriées, et non à l'assuré de justifier son paiement. Si besoin, n'hésitez pas à vous faire accompagner par un avocat pour défendre vos droits.

Votre assurance veut vous imposer son garage pour les réparations

Assureur : Je vous mets en contact avec l'un de nos garagistes agréés pour la réparation de votre véhicule suite à votre accident.

Automobiliste : J'ai déjà mon garagiste, merci.

Assureur : Mais il n'est pas agréé par nous, vous allez devoir avancer le montant des réparations.

LA MASDAKISATION

Automobiliste : Vous ne pouvez pas m'imposer un réparateur. De plus, depuis 2020, la loi m'autorise à choisir mon réparateur sans avoir à avancer le montant des réparations même s'il ne fait pas partie de votre réseau agréé.

Assureur : C'est bon, vous n'aurez pas à avancer les frais.

CE QUE DIT LA LOI

Loi Hamon du 17 mars 2014 et article L211-5-1 du Code des assurances. Tout contrat d'assurance souscrit au titre de l'article L211-1 du Code des assurances mentionne la faculté pour l'assuré, en cas de dommage garanti par le contrat, de choisir le réparateur professionnel auquel il souhaite recourir. **Loi du 3 décembre 2020 n° 2020-1508.** Votre assureur ne peut plus vous demander d'avancer les frais si vous vous rendez dans un garage ne faisant pas partie de sa liste officielle. La loi Hamon de 2014 a introduit l'obligation pour les assureurs d'informer leurs clients qu'ils peuvent choisir leur réparateur en cas de sinistre (article L 211-5-1 du Code des assurances).

Droits de l'assuré

– Liberté de choix : vous avez le droit de choisir votre garagiste.

– Pas d'avance de frais : si vous optez pour un garage hors réseau, votre assureur ne peut pas vous demander d'avancer les frais de réparation en vertu du principe de cession de créance. Le principe de la cession de créance permet à l'assuré de transférer son droit d'indemnisation à son garagiste. En signant un contrat de cession de créance, l'assuré autorise son assurance à payer directement le garagiste pour les réparations.

Conseils pratiques

– Informez votre assureur lors de la déclaration d'un sinistre que vous souhaitez choisir votre garagiste.

– Si votre assureur tente de vous orienter vers un garage agréé, demandez-lui de vous rappeler vos droits.

– Conservez toutes les communications écrites avec votre assureur concernant le choix du garagiste.

En cas de litige

– Contactez le service client de l'assureur.

– Si le problème persiste, **saisissez le médiateur de la consommation** pour obtenir une solution.

– En dernier recours, **envisagez une action judiciaire**.

EN RÉSUMÉ

Vous êtes en droit de choisir librement votre garagiste, et votre assureur ne peut pas vous imposer d'avancer des frais.

Vous louez une voiture avec votre carte bleue

Client : Je souhaite louer une voiture pour 10 jours.
Loueur : Bien sûr, cela vous fera 750 €, soit 50 € par jour.
Client : Non. 500 €.
Loueur : Non, 750 €. Il y a 25 € d'assurance par jour qui inclut les dommages éventuels ainsi que le vol.

LA MASDAKISATION

Client : Je vais payer la location avec ma carte bleu Premium. Elle inclut une assurance qui couvre contre le vol et les dommages matériels pour le véhicule de location, ainsi qu'une couverture pour la franchise et le rachat de franchise.
Loueur : C'est bon. Je n'inclus pas l'assurance. Cela fera 500 €.

CONSEILS

Certaines cartes bancaires Premium, telles que la Visa Premier, American Express ou Gold Mastercard, **incluent une assurance couvrant les dommages matériels et le vol pour les véhicules de location.** Cette couverture peut également inclure la prise en charge de la franchise, ce qui constitue un avantage considérable lors de la location d'un véhicule.

Procédure de location

Paiement avec la carte bancaire : lorsque vous payez la location de votre voiture avec une carte bancaire Premium, il est important d'informer le loueur que vous souhaitez refuser l'assurance qu'il propose, car vous êtes déjà couvert par les garanties de votre carte. Cette information doit être clairement indiquée dans le contrat de location.
Vérification des garanties : avant de refuser l'assurance du loueur, il est essentiel de vérifier que les garanties offertes par votre carte bancaire correspondent à vos besoins spécifiques. Prenez le temps de lire les exclusions et de bien comprendre les limites de couverture.
Documents justificatifs : en cas de sinistre, vous devrez souvent avancer le paiement de la franchise auprès du loueur, puis constituer un dossier pour obtenir un remboursement de votre carte bancaire. Ce dossier peut inclure des documents tels que le rapport de police, le constat des dommages et la preuve de paiement.

Conseils pratiques

– **Conservez tous les documents relatifs à la location,** à l'assurance et aux éventuels sinistres.
– **Assurez-vous de comprendre les modalités de remboursement** en cas de sinistre, notamment le délai de traitement des demandes et les pièces justificatives nécessaires.
– En cas de doute, **n'hésitez pas à contacter votre banque** pour obtenir des précisions sur les garanties spécifiques de votre carte bancaire.
En suivant ces étapes, vous pouvez économiser sur les assurances supplémentaires proposées par les loueurs tout en étant protégé efficacement lors de votre location de voiture.

EN RÉSUMÉ

En réglant la location d'un véhicule avec une carte bancaire Premium, vous pouvez bénéficier d'une couverture d'assurance contre les dommages, le vol et la franchise. Toutefois, il est essentiel de vérifier les conditions de couverture avant de refuser l'assurance du loueur.

Vous utilisez votre carte bancaire pour récupérer votre voiture de location à l'étranger

Client : Je viens récupérer la voiture de location. Voici ma carte bancaire pour une empreinte.

Loueur : Désolé, mais votre carte a la mention « Débit ». Vous ne pouvez pas récupérer votre voiture. Ou alors je vous facture une assurance supplémentaire.

LA MASDAKISATION

Loueur : Nous acceptons seulement les cartes avec la mention « Crédit ».

Client : OK. je ne savais pas.

CONSEILS

Exigences des agences de location

Certaines agences de location exigent une carte de crédit pour prendre une empreinte bancaire, **car l'empreinte d'une carte de crédit est valable plus longtemps (45 jours) que celle d'une carte de débit (15 jours) en moyenne.**
Si vous ne disposez pas de carte de crédit, l'agence peut exiger une assurance supplémentaire ou une caution élevée.

Vérifiez les conditions de location et les types de cartes acceptées avant de réserver.

L'autre solution consiste à **utiliser une carte de crédit à débit différé.** En effet, conformément à la réglementation européenne, la mention « crédit » doit figurer sur les cartes bancaires à débit différé, ce qui suffit généralement pour que le loueur accepte votre carte. Cependant, le débit différé est considéré comme une forme de crédit où les dépenses du mois sont prélevées en une fois en fin de mois. Une bonne gestion de vos finances est donc nécessaire pour éviter les découverts.

Pensez également à vérifier en amont les conditions de location et à **privilégier les agences qui acceptent les cartes de débit.** Des plateformes de comparaison, comme Discover-Cars, permettent de filtrer les agences en fonction des types de cartes acceptées, facilitant ainsi votre choix.

Informations complémentaires

Il est recommandé de **contacter l'agence de location à l'avance** pour confirmer les types de cartes acceptées. En cas de doute, **consultez votre conseiller bancaire** pour choisir la carte la plus adaptée à vos besoins.

EN RÉSUMÉ

Avant de récupérer une voiture de location à l'étranger, vérifiez la nature de votre carte et les conditions de l'agence pour éviter de devoir payer une assurance supplémentaire, souvent obligatoire en l'absence de garantie pour le loueur. Agissez en amont en sélectionnant les agences qui acceptent le type de carte requis.

Votre voiture neuve présente une défaillance qui la rend inutilisable

Client : J'ai acheté une voiture chez vous il y a 7 mois. Depuis quelque temps, elle présente une défaillance au niveau du moteur. Elle est inutilisable. Je souhaite donc son remboursement ou une remise.

Garagiste : C'est trop tard. La garantie des 3 mois est largement dépassée.

LA MASDAKISATION

Client : Ce défaut était invisible au moment de la vente. Il s'agit d'un vice caché présent avant la vente. Je demande donc la prise en charge des réparations et le remboursement intégral du véhicule.

Garagiste : C'est bon. Je vous rembourse.

CE QUE DIT **LA LOI**

Règle de droit

La garantie légale des vices cachés est régie par les articles 1641 à 1649 du Code civil. Selon l'article 1641, « le vendeur est tenu de la garantie à raison des défauts cachés de la chose vendue qui la rendent impropre à l'usage auquel on la destine ». L'article 1644 précise que l'acheteur a le choix entre restituer le bien et obtenir le remboursement du prix, ou garder le bien et se faire restituer une partie du prix. **La durée de garantie vice caché est limitée à 5 ans après l'achat de la voiture.**

Conditions d'application

– Le défaut était présent avant la vente et n'était pas détectable lors de l'achat.

– Le vice est suffisamment grave pour rendre le véhicule impropre à son usage ou diminuer tellement son usage que l'acheteur ne l'aurait pas acquis.

– Vous disposez d'un délai de 2 ans à partir de la découverte du vice pour agir (article 1648 du Code civil).

Démarches pratiques

– Établir la preuve du vice caché.

– Notifier le vendeur.

– Conserver des preuves.

– Agir dans les délais.

Achat à un particulier

Les protections sont limitées. Il est donc crucial de prendre des précautions.

Garantie des vices cachés : vous disposez également de 2 ans pour réclamer un remboursement, mais la mention « vendu en l'état, sans garantie » peut exonérer le vendeur de sa responsabilité, sauf si vous prouvez qu'il connaissait le défaut.

Vice du consentement : si votre décision d'achat repose sur une erreur ou une tromperie, vous pouvez demander l'annulation de la vente dans un délai de 5 ans.

EN RÉSUMÉ

En cas de défaillance de votre véhicule, vous pouvez invoquer la garantie des vices cachés pour obtenir un remboursement ou une réduction du prix. Pour éviter des complications, il est recommandé de faire inspecter un véhicule d'occasion par un professionnel avant l'achat et de conserver les documents relatifs à la transaction. En cas de problème, agissez rapidement et veillez à documenter votre démarche.

Votre voiture a été incendiée durant des émeutes

Ami : Qu'as-tu ? Tu as l'air déprimé.

Victime : Ma voiture a été brûlée durant les émeutes. Je ne suis assuré qu'au tiers et je n'ai pas pris la garantie incendie. Je ne vais rien recevoir.

LA MASDAKISATION

Ami : Contacte la CIVI (Commission d'indemnisation des victimes d'infractions). Selon tes revenus, il est possible que tu sois éligible à une indemnisation pour les dommages causés à ton véhicule. De plus, tu peux aussi déposer une réclamation à la préfecture en invoquant la responsabilité de l'État et par la suite te faire indemniser.

Victime : Incroyable. Je m'en occupe de suite.

CE QUE DIT LA LOI

En cas de destruction de votre véhicule par incendie, vous pouvez demander une indemnisation auprès de la Commission d'indemnisation des victimes d'infractions (CIVI), même sans être assuré contre les incendies. Selon les articles 706-14 et 706-14-1 du Code de procédure pénale, vous êtes éligible à une indemnisation si certaines conditions sont remplies : **votre véhicule doit être en règle au moment des faits** et **l'incendie doit avoir eu lieu sur le territoire français.**

Plafond d'indemnisation

Il était de 4 767 € en 2024 et peut être réajusté chaque année. L'indemnisation est également soumise à des conditions de ressources.

Responsabilité de l'État en cas d'émeutes

Dans le cas où l'incendie résulte d'émeutes, il est possible de solliciter une indemnisation supplémentaire en invoquant la responsabilité de l'État (article L211-10 du Code de la sécurité intérieure). Cette démarche peut être effectuée en parallèle de la demande d'indemnisation auprès de la CIVI.

Démarches à suivre

Constitution du dossier : vous devez rassembler tous les documents nécessaires (preuve de propriété du véhicule, justificatifs de vos revenus) et toute pièce prouvant l'incendie.

Remplir le formulaire Cerfa n° 12825 pour soumettre votre demande d'indemnisation à la CIVI.

Envoi de la demande : par lettre recommandée avec accusé de réception au greffe de la CIVI compétente.

Délai de demande

Vous disposez d'un délai de 3 **ans à compter de la date de l'infraction pour saisir la CIVI.** Ce délai est prolongé de 1 an si un procès a déjà eu lieu et court alors à partir de la décision définitive.

Conseils pratiques

– Veillez à **réunir toutes les pièces justificatives** et à remplir correctement le formulaire Cerfa.

– Si vous êtes dans une situation d'urgence, **n'hésitez pas à consulter un avocat** ou un professionnel.

EN RÉSUMÉ

Si votre véhicule a été incendié, vous pouvez demander une indemnisation auprès de la CIVI, même si vous n'êtes pas assuré contre l'incendie. En cas d'émeute, vous pouvez également invoquer la responsabilité de l'État pour obtenir une indemnisation supplémentaire. Assurez-vous de respecter les délais et de fournir tous les documents nécessaires pour maximiser vos chances d'obtenir réparation.

VOYAGE

FINI LES LITIGES ⚡ FINI LES ARNAQUES

Vol annulé, vol retardé, bagages endommagés, chambre d'hôtel non conforme au descriptif de la réservation… Autant de désagréments rencontrés lors de vos voyages que vous ne savez pas résoudre. Masdak vous donne les clés.

Votre passeport est périmé et vous avez un vol pour un pays de l'UE

La compagnie : Passeport, s'il vous plaît !

Passager : Tenez.

La compagnie : Désolé, mais vous ne pourrez pas embarquer. Votre passeport est périmé depuis 7 mois.

LA MASDAKISATION

Passager : D'après le traité du Conseil de l'Europe, un citoyen de l'Union européenne peut voyager au sein de l'Union européenne avec un passeport périmé de moins de 5 ans ! J'ai donc le droit d'embarquer.

La compagnie : C'est bon, c'est bon, allez-y !

CE QUE DIT **LA LOI**

Voyager avec un passeport périmé

Il est possible de voyager en Europe avec **un passeport périmé depuis moins de 5 ans,** comme l'indique un arrêt de la Cour de cassation du 5 février 2020. Cette décision se base sur le traité du Conseil de l'Europe de 1957, qui précise que les ressortissants des États signataires peuvent entrer et sortir des territoires des autres membres avec des documents énumérés dans une annexe. Les passeports périmés de moins de 5 ans en font partie, permettant ainsi aux ressortissants de l'Union européenne de voyager à l'intérieur de l'UE.

Exceptions et précautions

Il est conseillé de vérifier les exigences spécifiques de chaque compagnie aérienne et de chaque pays de destination, car certains peuvent avoir des règles plus strictes. En cas de doute, il est préférable de contacter les autorités compétentes ou de consulter les sites officiels des ministères des Affaires étrangères.

Informations complémentaires

Le traité du Conseil de l'Europe de 1957 a pour objectif de faciliter la libre circulation des personnes entre les États membres. La Cour de cassation a confirmé cette interprétation dans son arrêt du 5 février 2020, renforçant ainsi **les droits des citoyens de l'Union européenne à voyager avec des documents périmés sous certaines conditions.**

EN RÉSUMÉ

Un citoyen de l'Union européenne peut voyager avec un passeport périmé depuis moins de 5 ans, conformément à un arrêt de la Cour de cassation. Il est crucial de vérifier les règles spécifiques des compagnies aériennes et des pays de destination. Par exemple, les Pays-Bas et les territoires d'outre-mer français n'ont pas signé cet accord, ce qui interdit les voyages avec un passeport périmé.

Vous présentez votre permis de conduire pour prendre l'avion

Agent d'escale : Carte d'embarquement et passeport.
Passager : Voici ma carte d'embarquement et mon permis de conduire.
Agent d'escale : Je ne peux pas vérifier votre identité, vous ne pouvez pas embarquer.

LA MASDAKISATION

Passager : Le permis de conduire reste une pièce d'identité officielle délivrée par l'État français qui fait partie de la liste des documents qui peuvent attester de l'identité du passager.
Agent d'escale : Vous avez raison. Vous pouvez embarquer.

CONSEILS

En France, pour les vols domestiques, un permis de conduire peut-être accepté comme document d'identité valide, à condition que le passager soit reconnaissable sur la photo. Cependant, il est important de noter que **certaines compagnies aériennes peuvent avoir des politiques internes plus strictes** concernant les documents acceptés pour l'embarquement, il est donc hautement recommandé de vérifier cette information avant votre vol.

Démarches pratiques

Pour éviter tout problème lors de l'embarquement, il est conseillé de :
- **Vérifier** auprès de la compagnie aérienne avant le vol **si le permis de conduire est accepté** comme document d'identité.
- **Avoir en sa possession un passeport ou une carte d'identité** en plus du permis de conduire pour éviter tout désagrément.

EN RÉSUMÉ

Pour embarquer sur un vol intérieur en France, un permis de conduire avec photo récente et reconnaissable peut être accepté par certaines compagnies aériennes comme pièce d'identité. Toutefois, il est important de noter que certaines compagnies peuvent exiger des documents plus formels, tels qu'une carte d'identité ou un passeport. Afin d'éviter toute déconvenue à l'embarquement, il est fortement recommandé de vérifier les exigences spécifiques de votre compagnie avant votre voyage. Par mesure de précaution, assurez-vous également que vos documents de voyage sont en cours de validité.

Vous voyagez avec une carte d'identité périmée

Passager : Voici ma carte d'embarquement et ma carte d'identité pour le vol pour Athènes.

Agent d'escale : Vous ne pouvez pas embarquer, votre carte d'identité était valable jusqu'au 1er juin 2023.

LA MASDAKISATION

Passager : Vous faites erreur. Ma carte d'identité a été délivrée le 1er juin 2013. Étant déjà majeur en 2013, ma carte d'identité a été automatiquement prolongée et reste valable pendant encore 5 années supplémentaires. Et la Grèce accepte les cartes d'identité périmées.

Agent d'escale : C'est bon. Vous pouvez embarquer.

CE QUE DIT LA LOI

La carte nationale d'identité (CNI) est cruciale pour les citoyens français, surtout pour voyager à l'international. Depuis 2014, **la durée de validité des CNI des personnes majeures a été prolongée de 10 à 15 ans sous certaines conditions.**

Règle de droit

Le décret n° 2013-1188 du 18 décembre 2013 précise que **la validité d'une carte d'identité pour les majeurs est automatiquement prolongée de 5 ans si :**
- La carte a été délivrée avant 2014.
- Elle était toujours valide au 1er janvier 2014.
- Le titulaire était majeur au moment de sa délivrance.

Contexte d'application

Cette prolongation s'applique aux cartes d'identité émises entre 2006 et 2013, sous réserve des conditions suivantes :
- **Majeur lors de la délivrance**.
- **Carte valide au 1er janvier 2014**.
- **Exceptions :** certains pays refusent d'accepter les cartes d'identité prolongées.

Démarches pratiques

Pour faire valoir ce droit, il est recommandé de :
- **Vérifier les dates de délivrance et de validité.**
- **Consulter les exigences du pays de destination**.
- **Renouveler la carte en cas de doute**.

Conseils pratiques

Documents de support : conservez une copie de votre carte d'identité et des documents de voyage.
Traduction d'information : pour les pays acceptant la prolongation, ayez une fiche traduite expliquant la validité de votre carte.

Risques en cas de non-respect

Ne pas respecter les exigences de validité de votre carte d'identité peut entraîner un refus d'embarquement. **La compagnie aérienne peut refuser l'accès** si la carte ne répond pas aux critères de validité.

EN RÉSUMÉ

Les cartes d'identité délivrées avant 2014 peuvent bénéficier d'une prolongation de 5 ans si elles répondent aux critères établis. Toujours vérifier les exigences des pays de destination avant le voyage.

Vous présentez un passeport qui expire dans 3 mois pour prendre votre vol

Agent d'escale : Je suis désolé, mais votre passeport n'est pas valide.
Passager : Mais si, il expire dans un peu plus de 3 mois.

LA MASDAKISATION

Agent d'escale : Votre passeport ne répond pas aux exigences du pays de destination. Il doit être valide au moins 6 mois après la date de retour prévu.
Passager : Je ne savais pas. Je vais devoir refaire mon passeport.

CE QUE DIT LA LOI

Dans de nombreux pays, notamment hors de l'espace Schengen, **le passeport doit être valide au moins 6 mois après la date prévue de retour.** Cette règle vise à prévenir les complications dues à une expiration de passeport pendant le séjour. Un passeport expirant dans moins de 6 mois peut entraîner un refus d'embarquement.

Contexte d'application

Validité du passeport : bien qu'un passeport soit techniquement valide jusqu'à sa date d'expiration, les exigences de validité minimum varient selon les pays.
Exigences spécifiques des pays : certains pays imposent des règles strictes concernant la durée de validité restante du passeport ; il est essentiel de les vérifier avant de voyager.

Démarches pratiques

Vérifier les exigences : consultez les règles de votre pays de destination pour connaître la durée de validité du passeport requise.
Renouvellement du passeport : si votre passeport ne répond pas aux critères requis, renouvelez-le avant de réserver votre voyage.
Contacter la compagnie aérienne : en cas de doute, demandez confirmation des exigences à votre compagnie aérienne.

Risques en cas de non-respect

Voyager avec un passeport ne répondant pas aux exigences de validité expose au risque de refus d'embarquement, entraînant potentiellement des frais supplémentaires et des désagréments pour le voyage.

EN RÉSUMÉ

Un passeport avec une validité de moins de 6 mois après la date de retour peut ne pas être accepté pour voyager dans certains pays. Vérifiez toujours les exigences de validité de votre destination et, si nécessaire, renouvelez votre passeport avant de planifier votre voyage.

Votre vol accuse un retard de plus de 3 heures

Passager : Mon vol est en retard de plus de 3 heures !
La compagnie : Nos équipes travaillent pour résoudre la panne. Patientez, on vous offre des repas.

LA MASDAKISATION

Passager : D'après le règlement européen, si mon avion subit un retard de plus de 3 heures à l'arrivée, j'ai le droit à une indemnisation. Et comme mon vol parcourt plus de 3 500 km, j'ai le droit à une indemnisation de 600 €.
La compagnie : C'est d'accord.

CE QUE DIT LA LOI

Sauf circonstances extraordinaires, **si vous subissez un retard de plus de 3 heures, vous avez droit à une indemnisation.** Cette indemnisation est prévue par le règlement (CE) nº 261/2004 du 11 février 2004 relatif à l'indemnisation et l'assistance des passagers en cas de refus d'embarquement, d'annulation ou de retard important d'un vol. Pour bénéficier de l'indemnisation, le vol doit avoir décollé ou atterri dans l'Union européenne. Si le vol part d'un pays hors UE, la compagnie aérienne doit être établie dans l'UE.

Montant de l'indemnisation

Le montant de l'indemnisation dépend de la distance du vol :
- 250 € pour les vols de moins de 1 500 km.
-400 € pour les vols intracommunautaires ou les vols de 1 500 à 3 500 km.
-600 € pour les autres vols de plus de 3 500 km.

Assistance en cas de retard

En plus de l'indemnisation, **la compagnie aérienne doit vous fournir l'assistance nécessaire :** rafraîchissements, restauration, téléphone, nuit d'hôtel si nécessaire, et transport entre l'hôtel et l'aéroport.

Exclusions et exceptions

La compagnie aérienne n'est pas tenue d'indemniser le retard s'il est dû à des circonstances extraordinaires qui n'auraient pas pu être évitées même si toutes les mesures raisonnables avaient été prises (par exemple, conditions météorologiques défavorables, etc.).

Informations complémentaires

Preuve de présence à l'enregistrement : pour bénéficier de l'indemnisation, il est nécessaire de prouver que vous vous êtes bien présenté à l'enregistrement.
Délai de réclamation : en France, le délai de prescription pour déposer une réclamation auprès d'une compagnie aérienne est fixé à 5 ans, peu importe le type de perturbation rencontrée.
En cas de refus d'indemnisation par la compagnie, le passager peut saisir la Direction générale de l'aviation civile (DGAC) ou le médiateur Tourisme et Voyage signataires de la charte Médiation Tourisme et Voyage pour une médiation.

EN RÉSUMÉ

En cas de retard de plus de 3 heures, vous avez droit à une indemnisation selon la distance de votre vol : 250 €, 400 €, ou 600 €. La compagnie doit également vous fournir une assistance. Attention, aucune indemnisation ne sera due si le retard est causé par des circonstances extraordinaires.

Vos produits liquides en cabine sont confisqués

Agent de sûreté : Vous avez trop de flacons dans votre sac plastique, je vais devoir en jeter quelques-uns.

Passager : Mais ils font moins de 100 ml, pourquoi les enlever ?

Agent de sûreté : Peu importe, c'est limité à 5 flacons par personne.

LA MASDAKISATION

Passager : D'après les règlements européens, les flacons de liquides ne peuvent pas excéder 100 ml en bagage cabine et doivent être rangés dans un sac plastique transparent et refermable d'une contenance maximale de 1 litre. Donc ce n'est pas le nombre de flacons qui compte.

Agent de sûreté : C'est bon, vous pouvez passer avec vos affaires.

CE QUE DIT LA LOI

Les contrôles de sécurité à l'aéroport incluent des restrictions strictes sur le transport de liquides en cabine pour des raisons de sûreté. Ces règles visent à prévenir les risques liés à l'usage potentiel de liquides dangereux pendant les vols.

Règles applicables

Conformément aux règlements européens n°245/2013 et n°246/2013 :

– Chaque flacon ou tube de liquide transporté en cabine ne doit **pas dépasser 100 ml.**

– Tous les flacons doivent être placés dans un **sac plastique transparent, refermable,** d'une contenance maximale **de 1 litre.**

– Chaque passager est limité à **un seul sac plastique.**

Contrairement à certaines interprétations erronées, aucune limite sur le nombre de flacons n'est imposée.

Évolution récente de la réglementation

Ces dernières années, des scanners 3D capables de détecter des explosifs dans des liquides ont commencé à se généraliser dans les aéroports, rendant possible l'abandon progressif de la règle des 100 ml. Cependant, à partir du 1er septembre 2024, la Commission européenne a décidé de réinstaurer cette règle stricte. En effet, des doutes subsistent sur la fiabilité des scanners pour des volumes plus importants. En attendant les résultats de nouveaux tests, les passagers doivent à nouveau se conformer aux restrictions classiques.

Conseils pratiques

– Préparez-vous : assurez-vous que vos liquides respectent les limites de 100 ml et sont regroupés dans un sac conforme.

– Connaissez les exceptions : médicaments et aliments pour bébés sont autorisés au-delà de 100 ml, mais doivent être signalés et justifiés au contrôle.

– Soyez vigilant en cas de litige : si vos liquides sont refusés à tort, expliquez calmement la réglementation et demandez l'intervention d'un superviseur.

EN RÉSUMÉ

Pour des raisons de sécurité, les liquides transportés en cabine doivent respecter des règles strictes, comme détaillées précédemment. Bien que les scanners 3D aient ouvert la voie à des contrôles plus simples, la règle des 100 ml reste actuellement en vigueur, conformément à la réglementation européenne, en attendant de nouvelles validations technologiques.

Vous êtes à l'aéroport et votre vol est annulé

Voyageur : Mon vol a été annulé.

La compagnie : Désolé, l'avion a un souci technique, nous avons reprogrammé le vol à demain. Tenez, un bon pour vous restaurer en attendant.

LA MASDAKISATION

Voyageur : D'après le règlement européen, en cas de vol annulé, j'ai le droit à une assistance et une indemnisation.

La compagnie : C'est bon, je m'en occupe de suite.

CE QUE DIT **LA LOI**

Assistance et indemnisation

En cas de vol annulé, le passager a droit à une assistance comprenant des rafraîchissements, des repas, un hébergement à l'hôtel si nécessaire, et le transport entre l'aéroport et le lieu d'hébergement (règlement européen du 11 février 2004).

Le passager a également **droit à une indemnisation financière,** sauf si l'annulation est due à des circonstances extraordinaires ou si le passager a été informé de l'annulation au moins 15 jours avant le départ.

Montant de l'indemnisation

- 250 € pour les vols de moins de 1 500 km.
- 400 € pour les vols de 1 500 à 3 500 km.
- 600 € pour les vols de plus de 3 500 km (article 7 du règlement européen n° 261/2004).

Conditions d'application

Le vol doit soit partir d'un **aéroport de l'Union européenne,** soit se diriger vers un aéroport de l'Union européenne et être opéré par une compagnie européenne.

L'indemnisation n'est pas due si le passager a été informé de l'annulation au moins 15 jours avant le départ, ou si l'annulation est due à des circonstances extraordinaires (conditions météorologiques, catastrophes naturelles, grèves des contrôleurs aériens, etc.).

Informations complémentaires

Réclamation : pour obtenir l'indemnisation, le passager doit adresser une réclamation par lettre recommandée avec accusé de réception au service clientèle de la compagnie aérienne ou les contacter par mail.

Médiation : en cas de refus d'indemnisation par la compagnie, le passager peut saisir la Direction générale de l'aviation civile (DGAC) pour une médiation.

EN RÉSUMÉ

En cas d'annulation, le passager a droit à une assistance et une indemnisation sous certaines conditions. Pour faire valoir ses droits, soumettre une réclamation écrite à la compagnie aérienne et contacter la DGAC si nécessaire.

Votre vol est annulé suite à une grève des contrôleurs aériens

Agent d'escale : Votre vol a été annulé. Vous avez le choix entre le remboursement du billet ou le réacheminement ultérieur vers votre destination.

Passager : Je préfère le remboursement. Mais qu'en est-il de l'indemnisation ?

LA MASDAKISATION

Agent d'escale : Malheureusement elle ne s'applique pas dans ce cas de figure puisque les contrôleurs aériens sont des employés externes à notre compagnie, c'est donc indépendant de notre volonté.

Passager : Vous avez raison. Mais ma carte bancaire prévoit une indemnisation pour cette situation.

Agent d'escale : Incroyable. Je vais vous indemniser.

CE QUE DIT LA LOI

Lorsqu'un vol est annulé ou retardé, les passagers bénéficient de droits en matière de remboursement et d'indemnisation, mais ces droits peuvent varier selon la cause de l'annulation ou du retard, notamment en cas de grève des contrôleurs aériens.

Règle de droit

Le Règlement (CE) n° 261/2004 précise que les passagers ont droit à une indemnisation en cas d'annulation de vol, sauf si celle-ci est due à des circonstances extraordinaires. **Les grèves du personnel externe,** comme celles des contrôleurs aériens, **sont généralement considérées comme des circonstances extraordinaires.** Par conséquent, la compagnie aérienne n'est pas tenue d'indemniser les passagers dans de tels cas.

Garanties des cartes bancaires

Certaines cartes bancaires offrent des garanties supplémentaires, qui peuvent inclure une indemnisation en cas d'annulation de vol ou en cas de retard de plusieurs heures. **Ces garanties peuvent également couvrir les annulations dues à des grèves de contrôleurs aériens,** même si la compagnie aérienne n'est pas obligée d'indemniser dans ce cas selon la législation européenne. Il est donc conseillé de se renseigner directement auprès de l'assurance de votre carte bancaire pour connaître les détails des garanties offertes et les démarches à suivre en cas de besoin.

EN RÉSUMÉ

En cas d'annulation de vol liée à une grève des contrôleurs aériens, les passagers peuvent obtenir un remboursement ou un réacheminement, mais pas d'indemnisation.

Conseils pratiques : vérifiez si votre carte bancaire offre une assurance pour ce genre d'événement.

Vous avez raté votre vol

Agent d'escale : Désolé, l'embarquement est terminé.

Client : Oui, j'ai raté mon vol. Je vous demande une compensation financière.

Agent d'escale : Impossible, la compagnie aérienne n'y est pour rien.

LA MASDAKISATION

Client : D'après la loi, à partir du moment où l'on n'a pas embarqué dans l'avion, la compagnie aérienne est tenue de rembourser les taxes aéroportuaires et la redevance passager.

Agent d'escale : C'est bon. Je vous rembourse.

CE QUE DIT **LA LOI**

En vertu de l'article L224-66 du Code de la consommation, un passager peut obtenir le remboursement des taxes d'aéroport et de la redevance passager incluses dans le prix de son billet d'avion s'il n'a pas embarqué. Cela est valable dans les cas suivants : annulation du vol, non-présentation à l'embarquement ou autre motif empêchant le vol.

Les taxes remboursables sont : **la taxe d'aéroport** (QW) applicable sur les vols domestiques et **la redevance passager** (QX) applicable sur les vols internationaux.

Procédure de remboursement

Par internet : soumettez une demande en ligne via le site de la compagnie aérienne ou de l'agence de voyages où vous avez acheté le billet. Cela est généralement gratuit.

Par courrier : envoyez votre demande par courrier recommandé avec avis de réception accompagnée d'une copie du billet non utilisé. Dans ce cas, le vendeur peut facturer des frais allant jusqu'à 20 % du montant de la demande.

Mode de remboursement : il peut être effectué par virement bancaire, chèque ou crédit sur votre carte bancaire. Le remboursement doit intervenir dans un délai de 30 jours suivant la réception de votre demande.

Conditions et restrictions

Les droits sont ouverts à tous.

Conditions :

- Le billet doit avoir été acheté via une compagnie aérienne ou un intermédiaire qui vendent des billets pour cette compagnie.
- Le billet ne doit pas avoir été utilisé pour un vol antérieur.
- Le vol doit avoir été raté ou annulé.

En cas de délai de remboursement non respecté

Vous pouvez **engager une procédure amiable,** en envoyant une lettre recommandée au professionnel concerné. Celui-ci dispose de 15 jours pour répondre. Si aucune solution n'est trouvée, vous pouvez **envoyer une mise en demeure, saisir le tribunal compétent** (tribunal d'instance ou de proximité), et en dernier lieu **saisir le médiateur Tourisme et Voyage,** à condition que l'organisme soit adhérent à cette médiation.

EN RÉSUMÉ

Vous avez droit au remboursement des taxes d'aéroport et de la redevance passager si vous n'avez pas embarqué, indépendamment du motif du défaut d'embarquement. La demande se fait en ligne ou par courrier recommandé et le délai de remboursement est de 30 jours à compter de la demande. Si la demande est envoyée par courrier, des frais de 20 % peuvent être appliqués. En cas de non-remboursement, c'est la mise en demeure, le recours judiciaire ou la médiation.

Votre vol a été avancé

Passager : Mon vol est censé partir à 16 h 30 et non 15 h 15, comme annoncé sur le panneau. Je n'en ai pas été informé. Je vous demande une indemnisation.

Agent d'escale : Je suis désolé, ce n'est pas possible.

LA MASDAKISATION

Passager : D'après une décision de la Cour de justice européenne si un vol décolle avec plus de 1 heure d'avance il est considéré comme annulé. La distance du vol que je dois prendre étant supérieure à 3 500 km, je suis donc éligible à une indemnisation de 600 €.

Agent d'escale : D'accord, d'accord. Je vous indemnise.

CE QUE DIT LA LOI

Un vol avancé peut causer des désagréments majeurs pour les passagers. Si les règles d'indemnisation pour les retards et les annulations de vol sont bien établies par le Règlement européen n° 261/2004, les cas de vols avancés restaient jusque-là peu clairs. Plusieurs arrêts récents de la Cour de Justice de l'Union européenne (CJUE) ont tranché : **les passagers peuvent désormais être indemnisés si leur vol est avancé de manière significative.**

Droits des passagers

La CJUE a déterminé qu'un **vol avancé de 1 heure ou plus est équivalent à une annulation,** donnant droit aux mêmes options pour les passagers : remboursement intégral ou réacheminement sur un autre vol. Les articles 5 et 8 du Règlement n° 261/2004 posent les bases de cette indemnisation, car tout changement majeur de l'horaire initial est considéré comme une annulation.

Procédure pour faire valoir ses droits

Comparez l'horaire modifié à l'horaire initial.

Si le vol est avancé de 1 heure ou plus, **les passagers peuvent opter pour un remboursement complet** ou un réacheminement sur un autre vol proposé par la compagnie. Vous pouvez demander une compensation pour annulation. La date à laquelle la compagnie informe le passager de l'avance influe sur le droit à indemnisation.

Précisions juridiques

Les arrêts des affaires C-188/20 et C-196/20 de la CJUE ont confirmé que tout vol avancé de plus de 1 heure est soumis aux dispositions sur les annulations. De plus, dans l'affaire « Airhelp Limited contre Laudamotion GmbH » (23 septembre 2021, C-263/20), la CJUE a précisé qu'un passager ayant réservé par une agence doit être informé directement de tout changement, sauf s'il a autorisé l'intermédiaire à recevoir ces informations en son nom. À défaut, l'indemnisation reste due.

Conseils aux passagers

Vérifiez régulièrement les horaires de vos vols, conservez toutes les notifications et, en cas de changement, réclamez votre indemnisation rapidement auprès de la compagnie.

EN RÉSUMÉ

Un vol avancé de plus de 1 heure est considéré comme annulé, donnant droit à une indemnisation selon le Règlement européen.

Vous ne pouvez pas embarquer pour cause de surbooking

Voyageur : On m'a refusé l'embarquement.
La compagnie : Désolé, nous avons vendu plus de billets que de places disponibles. On vous remet sur un prochain vol.

LA MASDAKISATION

Voyageur : D'après le règlement européen, en cas de vol surbooké, j'ai le droit à une assistance et une indemnisation.
La compagnie : C'est bon, OK.

CE QUE DIT **LA LOI**

Le surbooking ou surréservation est une pratique autorisée qui consiste pour une compagnie aérienne à **vendre plus de billets que de places disponibles.** Si votre vol est surbooké et que vous n'êtes pas volontaire pour renoncer à votre siège, la législation européenne vous protège.

Conditions d'application

Le vol doit soit **partir d'un aéroport de l'Union européenne,** soit se diriger vers un aéroport de l'Union européenne et être opéré par une compagnie européenne.
L'indemnisation n'est pas due si vous avez volontairement accepté de ne pas embarquer en échange de compensations offertes par la compagnie.

Conditions d'éligibilité

- Le pays de départ de votre vol.
- Le pays d'arrivée.
- La nationalité de la compagnie aérienne.

Ces obligations s'appliquent au transporteur qui réalise ou prévoit de réaliser le vol. Si votre vol fait partie d'un package, des droits spécifiques peuvent également s'appliquer.

Assistance en cas de refus d'embarquement

Deux choix s'offrent à vous.
- **Attendre un autre vol** vers la même destination, auquel cas la compagnie doit vous prendre en charge.
- **Renoncer à votre vol,** ce qui vous donne droit à un remboursement intégral de votre billet dans un délai de 7 jours, sans démarches supplémentaires.

Indemnisation financière

En cas de refus d'embarquement, **la compagnie aérienne doit vous fournir une notice expliquant comment demander une indemnisation.** Vous devrez envoyer votre demande par lettre recommandée. Le montant de l'indemnisation est basé sur la distance du vol et le retard à l'arrivée et est compris entre 250 et 600 €.

Exceptions

La prise en charge et l'indemnisation ne s'appliquent pas **si le refus d'embarquement est dû à votre propre responsabilité** (par exemple, absence de documents ou arrivée tardive).

Recours en cas de non-réponse

Si la compagnie ne respecte pas ses obligations, **vous pouvez déposer une réclamation.** En cas de réponse insatisfaisante, vous avez la possibilité de **faire appel à un organisme de règlement des litiges** ou d'intenter une action en justice dans un délai de 5 ans suivant l'incident. Après 2 mois sans réponse de la compagnie, vous pouvez également contacter la Direction générale de l'aviation civile (DGAC) pour obtenir de l'aide.
Pour plus d'informations, consultez le site du ministère de la Transition écologique et de la Cohésion des territoires.

EN RÉSUMÉ

En cas de surréservation, vous avez droit à une assistance et une indemnisation selon la distance du vol. Vérifiez vos droits et n'hésitez pas à faire valoir vos demandes auprès de la compagnie aérienne.

À votre arrivée à l'aéroport, vous n'avez pas récupéré votre valise

Client : Ma valise n'est pas là. Elle doit être perdue.
La compagnie : Veuillez déclarer la perte de votre bagage en remplissant ce formulaire. On vous rappelle si on a des nouvelles.
Client : Cela fait 21 jours et pas de nouvelle de ma valise !
La compagnie : Patientez encore, nous poursuivons nos recherches.

LA MASDAKISATION

Client : Si un bagage n'est pas retrouvé dans les 21 jours après la date à laquelle il aurait dû arriver, il est considéré comme perdu et je suis donc éligible à un dédommagement.
La compagnie : OK, c'est bon. Je vous dédommage.

CE QUE DIT **LA LOI**

Si votre bagage est absent à votre arrivée, signalez-le immédiatement au guichet de la compagnie aérienne ou via son site internet. La compagnie doit lancer une recherche et vous tenir informé des résultats. Le bagage est considéré comme retardé pendant les 21 jours suivant la date à laquelle il aurait dû être livré. Passé ce délai, il est considéré perdu.
Pendant la période de retard, vous pouvez demander le remboursement des frais de première nécessité (produits d'hygiène, sous-vêtements, etc.) sur présentation des factures. La réclamation doit être faite par écrit à la compagnie aérienne dans un délai de 21 jours.
Après 21 jours, vous pouvez demander une indemnisation. Le montant maximal de l'indemnité est d'environ 1 600 € (1 288 DTS, Droits de tirage spéciaux) par passager si la convention de Montréal s'applique. Si vous ne disposez pas de factures, une indemnisation au poids peut être proposée (environ 20 €/kg, limité à 1 600 €).

Démarches à suivre

Adressez une demande écrite à la compagnie aérienne, de préférence en recommandé avec avis de réception. Joignez les pièces justificatives (factures des biens contenus dans la valise, des achats de première nécessité, etc.).

En cas de refus d'indemnisation ou d'absence de réponse, **vous pouvez saisir le médiateur Tourisme et Voyage.** Si les démarches amiables n'aboutissent pas, vous pouvez saisir les tribunaux compétents.

Informations complémentaires

La convention de Montréal encadre les conditions d'indemnisation, mais certaines compagnies aériennes peuvent être soumises à la convention de Varsovie. Il est donc important de vérifier à quelle convention est rattachée la compagnie responsable du retard ou de la perte de vos bagages. À noter que tous les pays de l'Union européenne ont ratifié la convention de Montréal.

EN RÉSUMÉ

Signalez tout retard de bagage immédiatement. Si le bagage n'est pas retrouvé dans les 21 jours, il est considéré comme perdu, et vous pouvez demander une indemnisation. Conservez vos factures pour le remboursement des frais essentiels.
Astuce : certaines cartes bancaires offrent une garantie en cas de perte ou de retard de bagages. Consultez les conditions d'assurance de votre carte pour vérifier si cette couverture est incluse.

Vos bagages sont fouillés à l'aéroport

Agent de sûreté : Monsieur, le scanner a détecté un objet suspect à l'intérieur de votre bagage.

Passager : Que faites-vous ?

Agent de sûreté : Je procède à une fouille de votre bagage.

LA MASDAKISATION

Passager : Vous êtes en droit de procéder à une fouille de mes effets personnels, mais seulement avec mon consentement.

Agent de sûreté : C'est bon, j'arrête.

CE QUE DIT LA LOI

Selon l'article L6342-4 du Code des transports, les opérations d'inspection-filtrage, y compris la fouille des bagages, peuvent être réalisées par des agents de sécurité, mais **uniquement avec le consentement du propriétaire.** Voici les points clés à retenir :

Consentement requis : les agents de sûreté aéroportuaire doivent obtenir le consentement du passager avant de procéder à la fouille de ses effets personnels. La fouille des bagages à main et des autres objets transportés ne peut être effectuée qu'avec l'accord de leur propriétaire.

Palpations de sûreté : de même, les palpations de sûreté doivent être réalisées avec le consentement de la personne concernée et doivent être effectuées par une personne du même sexe.

Fouille assimilée à une perquisition : la fouille des effets personnels est considérée comme une perquisition, ce qui signifie qu'elle doit être justifiée par des raisons légales, telles qu'un flagrant délit ou une enquête préliminaire. Elle relève de la compétence l'officier de police judiciaire et de certains agents de douane dans des cas bien précis.

Contexte d'application

Agents habilités : les agents de sûreté doivent être agréés par le représentant de l'État et le procureur de la République pour effectuer ces contrôles.

Droit de refus : si un passager refuse la fouille, l'agent de sécurité ne peut pas procéder à celle-ci sans une autorisation légale appropriée.

Conseils de prévention

En cas de contrôle, il est conseillé de **rester calme** et de **demander des précisions sur les raisons de la fouille.** Si vous estimez que vos droits ne sont pas respectés, vous pouvez demander à parler à un responsable ou à un officier de police judiciaire.

EN RÉSUMÉ

Les agents de sûreté aéroportuaire peuvent procéder à la fouille des bagages, mais uniquement avec le consentement du passager. Si ce consentement n'est pas donné, la fouille ne peut pas avoir lieu.

Pendant le vol votre valise est abîmée

Passager : Ma valise a été endommagée durant le vol.
Agent d'escale : C'est de l'usure normale. Cela n'a rien à voir avec le vol.

LA MASDAKISATION

Passager : J'ai pris en photo ma valise avant le vol et elle était nickel. De plus, mon ordinateur portable a été endommagé. Voici la facture pour indemnisation
Agent d'escale : C'est bon, voici le remboursement.

CE QUE DIT **LA LOI**

Délai de réclamation

Pour demander réparation, vous devez envoyer votre réclamation à la compagnie aérienne dans les délais suivants :
– Convention de Montréal : dans un délai de 7 jours après la réception de vos bagages.
– Convention de Varsovie : dans un délai de 3 jours après la réception de vos bagages.
La convention de Montréal s'applique :
– À un vol entre deux États ayant ratifié cette convention.
– À tous les vols des compagnies aériennes de l'UE, peu importe la destination.
La convention de Varsovie s'applique :
– À un vol entre deux États n'ayant pas ratifié la convention de Montréal.
– À un vol entre deux États dont un seul a ratifié la convention de Montréal.

Documents à fournir

Pour faciliter le traitement de votre demande, vous devrez fournir des éléments justificatifs relatifs aux biens endommagés (photographies, factures...).

Plafonds d'indemnisation

Les plafonds de responsabilité pour les bagages perdus ou endommagés sont exprimés en **Droits de Tirage Spéciaux (DTS),** la devise internationale du FMI :
– Convention de Montréal : jusqu'à **1 288 DTS** (environ 1 667 €).
– Convention de Varsovie : jusqu'à **22 DTS** par kg de bagage (environ 28 € par kg).
Il est important de vérifier les valeurs actualisées au moment de votre réclamation.
Ce qu'il faut savoir
– Si votre préjudice est inférieur à ces plafonds, vous pourrez demander un remboursement correspondant à la valeur de vos biens endommagés.
– Si le montant de votre dommage dépasse le plafond de responsabilité, vous ne serez indemnisé qu'à hauteur de ce plafond. Toutefois, vous pouvez éventuellement compléter cette indemnisation via une assurance.

En cas de litige

Démarches amiables
La DGCCRF recommande de privilégier une démarche amiable avec le service clientèle de votre compagnie aérienne, en conservant une copie de votre réclamation.
Si votre compagnie est signataire de la charte de la médiation, vous pouvez saisir le médiateur tourisme voyage (MTV) pour une solution amiable. Si aucune solution amiable n'est trouvée, vous pouvez saisir la justice pour faire valoir vos droits. Vous disposez de 2 ans à partir de l'incident pour engager un recours en responsabilité contre la compagnie.

EN RÉSUMÉ

En cas de bagages perdus ou endommagés, adressez votre réclamation à la compagnie aérienne dans les délais prévus (3 ou 7 jours selon la convention applicable). Fournissez des justificatifs. Les indemnisations sont plafonnées selon les conventions. Si aucune solution amiable n'est trouvée, un recours judiciaire est possible.

Vous êtes victime d'une arnaque sur Booking®

Ami 1 : Je viens de recevoir un message sur Booking® comme quoi mon compte bancaire n'a pas pu être vérifié. Je dois donc recommencer la transaction sinon ma réservation va être annulée.

Ami 2 : C'est l'établissement qui t'a envoyé ce message.

Ami 1 : Oui, via la messagerie officielle de Booking®. Ils m'ont envoyé un lien. Je vais repayer.

LA MASDAKISATION

Ami 2 : Attends, ne paie pas. Ce n'est pas l'établissement qui t'a envoyé ce message, mais un pirate qui a pris possession du compte de l'établissement.

Ami 1 : Incroyable ! Tu me sauves.

CONSEILS

Les arnaques sur les plateformes de réservation en ligne, comme Booking®, sont de plus en plus fréquentes. **Les escrocs peuvent se faire passer pour des établissements** ou des clients afin de tromper les utilisateurs. Voici quelques conseils pour éviter de tomber dans le piège :

Vérification de l'expéditeur : ne vous fiez pas uniquement à l'apparence du message. Même si le message semble provenir de la messagerie officielle de Booking®, il est crucial de vérifier l'adresse e-mail de l'expéditeur. Les escrocs peuvent usurper des identités.

Ne cliquez pas sur les liens : si vous recevez un message vous demandant de cliquer sur un lien pour vérifier vos informations ou effectuer un paiement, ne cliquez pas sur ce lien. Cela pourrait vous rediriger vers un site frauduleux.

Contactez directement l'établissement ou Booking® : en cas de doute, il est préférable de contacter directement l'hôtel ou le service client de Booking® via les coordonnées officielles disponibles sur leur site. Cela permet de confirmer la légitimité de la demande.

Signalez l'escroquerie : si vous pensez avoir été victime d'une arnaque, signalez-le à Booking® et aux autorités compétentes. Cela peut aider à prévenir d'autres arnaques.

Contexte d'application

Les arnaqueurs utilisent souvent des techniques de *phishing* pour obtenir des informations personnelles. Ils peuvent envoyer des messages en se faisant passer pour des établissements, en prétendant qu'il y a un problème avec votre réservation ou votre paiement. Il est essentiel de rester vigilant et de ne pas céder à la panique.

Conseils de prévention

Restez informé sur les techniques de *phishing* et d'escroquerie, et partagez ces informations avec vos amis et votre famille pour les aider à éviter de telles situations.

EN RÉSUMÉ

Si vous recevez un message suspect concernant votre réservation sur Booking®, ne payez pas et ne cliquez pas sur les liens. Vérifiez toujours l'authenticité du message en contactant directement l'établissement ou Booking®.

Votre chambre d'hôtel n'est pas conforme au descriptif de la réservation

Client : Ma chambre n'a pas la vue sur la mer comme stipulé lors de la réservation.

Hôtelier : Toutes nos chambres avec vue sur la mer sont occupées.

LA MASDAKISATION

Client : Vous plaisantez. Je vous demande une réduction sur le prix de mon séjour. Cela s'apparente à une exécution imparfaite du contrat. Je peux donc annuler mon séjour, obtenir une réduction du prix voire obtenir des dommages et intérêts.

Hôtelier : Très bien. Je vous surclasse.

CE QUE DIT LA LOI

Si la chambre d'hôtel que vous avez réservée ne correspond pas à ce qui était annoncé, vous pouvez revendiquer vos droits en raison d'une **mauvaise exécution du contrat de location.**

L'article 1217 du Code civil prévoit plusieurs options pour un client dont l'engagement a été mal exécuté par l'hôtelier :

Refuser d'exécuter ou suspendre son obligation : si la prestation ne correspond pas à ce qui a été convenu, vous pouvez refuser de payer la totalité du montant prévu.

Poursuivre l'exécution forcée en nature de l'obligation : vous avez le droit de demander à l'hôtelier de respecter les termes du contrat, par exemple, en vous fournissant une chambre conforme à la description, comme une chambre avec vue sur la mer si cela avait été stipulé.

Obtenir une réduction de prix : si l'exécution du contrat est partielle ou insuffisante, vous pouvez demander une réduction du prix de votre séjour.

Provoquer la résolution du contrat : si la non-conformité est trop importante, vous avez la possibilité de demander l'annulation de votre réservation.

Demander réparation des conséquences de l'inexécution : vous pouvez également réclamer des dommages et intérêts pour le préjudice subi en raison de l'inexécution du contrat.

Conseils de prévention

Il est essentiel de **documenter toute communication avec l'hôtelier** et de conserver des preuves solides (captures d'écran de la réservation, échanges par mail, etc.) pour soutenir votre demande. En cas de litige non résolu à l'amiable, vous pouvez saisir un médiateur de la consommation ou porter l'affaire devant un tribunal compétent.

EN RÉSUMÉ

Si votre chambre d'hôtel ne correspond pas à la description, vous avez le droit de demander une réduction de prix, de demander une exécution conforme de la prestation, voire d'annuler votre séjour. Vous pouvez aussi demander des dommages et intérêts si vous avez subi un préjudice.

Dans votre chambre d'hôtel on vous a volé vos effets personnels

Client : On vient de me voler mes effets personnels dans ma chambre.

Hôtelier : Vous savez, il y a un panneau à l'entrée de l'hôtel : l'hôtel décline toute responsabilité en cas de perte ou de vol dans ses locaux.

LA MASDAKISATION

Client : Ces clauses sont nulles et n'ont aucune valeur juridique. Vous êtes responsable de plein droit du vol des objets appartenant aux clients dans les chambres. Je demande donc le remboursement de ce qui m'a été dérobé et voici les différentes factures.

Hôtelier : D'accord. Je vous rembourse.

CE QUE DIT LA LOI

Les hôteliers sont responsables des objets des clients dès leur arrivée (articles 1952 et 1953 du Code civil). En cas de vol ou de détérioration, leur responsabilité est présumée, sauf en cas de force majeure ou de faute du client.

Cas d'exonération

L'article 1954 prévoit que l'hôtelier peut se dégager de sa responsabilité dans les situations suivantes :

- Lorsque le dommage ou la perte résulte d'**une force majeure ou la faute du client.**
- Si l'objet perdu ou endommagé présentait **un vice propre.**

Cependant, il incombe à l'hôtelier de démontrer ces faits pour bénéficier de cette exonération.

Plafonds d'indemnisation (articles 1953 et 1954 du Code civil)

- En l'absence de faute grave, les dommages et intérêts sont limités à **100 fois le prix de la chambre par jour.**
- Pour les biens déposés dans les véhicules stationnés sur des parkings privatifs, ce plafond descend à **50 fois le prix de la chambre.**

Clauses limitatives

Les clauses ou panneaux indiquant que « l'hôtel décline toute responsabilité en cas de vol » ou encore que le parking de l'hôtel est « non gardé » sont considérés comme dépourvus de valeur juridique par les tribunaux, car elles vont à l'encontre des obligations légales de sécurité et de garde imposées aux hôteliers (Cour de cassation, 22 février 2000).

EN RÉSUMÉ

Les hôteliers sont légalement tenus de protéger les biens de leurs clients, avec des limites spécifiques d'indemnisation définies par la loi. En cas de vol ou de perte, la responsabilité leur incombe généralement, sauf s'ils prouvent un cas de force majeure ou une faute du client. La charge de la preuve pèse donc principalement sur eux pour justifier une exonération.

Vous êtes touriste et réclamez une détaxe sur vos achats

Vendeur : Vous me devez 480 €.

Client : Non, c'est 400 €. 480 € est le montant TTC, mais voici mon passeport. J'ai le droit à la détaxe. Je suis australien, je réside à l'étranger et je suis juste de passage en France.

Vendeur : Ça ne change rien.

LA MASDAKISATION

Client : Mon produit est éligible à la détaxe et je remplis les 3 conditions pour en bénéficier : j'ai plus de 15 ans, je réside à l'étranger (hors UE) et je suis de passage en France (moins de 6 mois).

Vendeur : Vous avez raison, je vous remets le bordereau de vente.

CE QUE DIT LA LOI

Si vous résidez dans un pays hors de l'Union européenne, vous pouvez demander **un remboursement de la TVA sur vos achats en France.**

Conditions d'éligibilité

- Résider dans un État non membre de l'UE.
- Être de passage en France pour moins de 6 mois.
- Avoir 16 ans ou plus.
- Vous devez fournir une preuve de votre résidence.

Marchandises éligibles à la détaxe

La détaxe concerne les achats réalisés dans un cadre touristique et non commercial. Certaines marchandises sont exclues, comme : le tabac, les produits pétroliers, les armes, les biens culturels et les moyens de transport à usage privé.

Procédures pour obtenir la détaxe

– L'achat doit être supérieur à 100 € TTC dans un même magasin, le même jour (arrêté du 23 juillet 2020 et article 24 bis de l'annexe IV au Code général des impôts).

– Un bordereau de vente à l'exportation vous sera remis que vous devez faire viser par les douanes lors de votre sortie de l'UE.

– Le visa peut être effectué manuellement ou électroniquement via une borne électronique PABLO. Si le visa est validé, le message « OK Bordereau validé » s'affichera. Si la borne affiche « Bordereau non validé », vous devrez vous présenter au guichet de la douane.

Régularisation

Si vous n'avez pas pu faire viser vos documents en partant de l'UE, **vous pouvez demander une régularisation par visa a posteriori dans les 6 mois suivant l'achat.** Il vous faudra fournir divers documents, notamment la preuve de votre exportation et les bordereaux de vente à l'exportation.

EN RÉSUMÉ

En tant que touriste, si vous résidez à l'étranger (hors UE), avez plus de 16 ans et êtes de passage en France pour moins de 6 mois, vous pouvez demander la détaxe sur vos achats. Le vendeur doit vous remettre un bordereau de détaxe que vous devrez valider à votre départ. Le montant de la détaxe peut varier entre 12 % et 15 % du prix d'achat, en fonction de différents critères tels que le type de bien acheté, le commerçant, ainsi que le montant total des achats réalisés.

La douane vous arrête pour transport excessif de cartouches de cigarettes en provenance de l'UE

Douanier : Je vous arrête ! Vous transportez 6 cartouches de cigarettes.

Passager : Et alors ?

Douanier : Les voyageurs en provenance d'un pays de l'UE n'ont le droit qu'à 1 cartouche/personne.

LA MASDAKISATION

Passager : D'après le décret du 27 mars 2024, il est désormais possible de ramener autant de cartouches que souhaité depuis les pays de l'Union européenne.

Douanier : C'est bon, vous avez raison, vous pouvez repartir.

CE QUE DIT LA LOI

Si vous revenez d'un pays de l'Union européenne (UE), vous avez la possibilité de rapporter du tabac acheté à l'étranger. Le seuil indicatif est fixé à 4 cartouches (800 cigarettes) par personne, mais les douaniers peuvent saisir les quantités à leur appréciation. Même en dessous de ce seuil, vous devez prouver que les quantités rapportées sont destinées à votre consommation personnelle.

Pour les zones hors UE, la limite générale est fixée à 1 cartouche (200 cigarettes) par personne. Pensez à conserver le ticket de caisse de vos achats de tabac, il pourra être exigé lors d'un contrôle douanier.

Conditions à respecter

– Être majeur (avoir au moins 18 ans).

– Respecter les critères prouvant que vos achats de tabac correspondent à votre **consommation personnelle.**

– Transporter le tabac par vos propres moyens et en votre présence, sans délégation à une autre personne.

Les agents des douanes évaluent plusieurs critères pour déterminer si les produits sont destinés à un usage personnel ou commercial, notamment :

– Votre statut commercial et votre activité économique.
– Les motifs de détention des produits.
– Le lieu de stockage et de transport des produits.
– Les documents liés aux produits.
– La quantité, la nature et le mode de conditionnement des produits.

Décret n° 2024-276 du 27 mars 2024

Un décret récent précise que « la finalité commerciale n'est pas caractérisée lorsque le déplacement est réalisé par un particulier pour ses besoins propres ». Cela signifie que **vous pouvez ramener des cartouches pour votre consommation personnelle.** Cependant, **les douaniers se réservent le droit de saisir les cigarettes** si plusieurs indices les mènent à penser que vous ramenez des cigarettes dans le but de les revendre sur le marché noir.

EN RÉSUMÉ

Lorsque vous revenez d'un pays de l'UE, vous pouvez ramener du tabac pour votre consommation personnelle, en respectant les quantités maximales autorisées et en prouvant que ces produits ne sont pas destinés à la revente. Pour les zones hors UE, la limite est de 1 cartouche (200 cigarettes) par personne, et il est essentiel de conserver vos tickets d'achat. Des sanctions peuvent s'appliquer en cas de non-respect des réglementations douanières.

Votre train a plus de 1 heure de retard au départ

Client : Mon train a plus de 1 heure de retard. Qu'est-ce que vous me proposez ?

Agent ferroviaire : Rien, il faut attendre.

LA MASDAKISATION

Client : Vu le retard vous devez offrir repas et rafraîchissement. De plus, quand le train va-t-il partir ?

Agent ferroviaire : Il partira dans 1 h 30.

Client : La durée du retard sera supérieure à 2 heures, donc j'ai le droit à une indemnisation supplémentaire.

Agent ferroviaire : C'est bon, je vous rembourse.

CE QUE DIT LA LOI

En cas de retard de train, les passagers disposent de droits spécifiques en matière d'indemnisation et d'assistance, établis par le Règlement (CE) n° 1371/2007.

Informations aux voyageurs

Les transporteurs sont tenus de tenir les voyageurs informés des retards ou annulations, dès que l'information est disponible. En cas de report de plus de 1 heure ou d'annulation au départ, les passagers peuvent choisir entre :

- Le réacheminement vers la destination finale sans frais supplémentaires.
- L'annulation du voyage avec remboursement intégral du billet (y compris le retour en cas de billet aller-retour), sous 1 mois.

Assistance aux voyageurs

Lorsque le retard dépasse 60 minutes ou en cas d'annulation, **le transporteur doit fournir une assistance gratuite** incluant :

- Des repas et rafraîchissements en quantité raisonnable,
- Un hébergement avec transport vers celui-ci, si une nuitée s'avère nécessaire (limité à 3 nuits).
- Un moyen de communication pour informer les proches.

Dans le cas où aucune solution de réacheminement n'est proposée sous 100 minutes, le voyageur peut recourir à un autre moyen de transport public avec remboursement des coûts appropriés par l'entreprise initiale.

Indemnisation en fonction du retard

Le montant de l'indemnisation dépend de la durée du retard à l'arrivée :

- Entre 30 minutes et 1 heure : 25 % du prix du billet (selon les règles spécifiques des transporteurs, comme la garantie 30 minutes de la SNCF).
- Entre 1 heure et 2 heures : 25 % du prix du billet.
- Entre 2 heures et 3 heures : 50 % du prix du billet.

L'indemnisation peut être payée en espèces et doit être versée dans un délai de 1 mois après la demande.

Démarches pour obtenir une indemnisation

En ligne ou par courrier, accompagnées du billet et du bulletin de retard délivré en gare.

EN RÉSUMÉ

Les voyageurs en train dans l'UE ont droit à des compensations proportionnelles au retard et à une assistance adaptée en cas d'annulation ou de retard prolongé.

Vous présentez au contrôleur de la SNCF une pièce d'identité numérique

Contrôleur SNCF : Billet et pièce d'identité.

Passager : Voici mon billet et ma pièce d'identité (le passager montre son téléphone portable avec la pièce d'identité au contrôleur).

Contrôleur SNCF : Ce n'est pas valable.

LA MASDAKISATION

Passager : Depuis le 27 mai 2024, la SNCF accepte officiellement la carte d'identité numérique via l'application France Identité.

Contrôleur SNCF : Effectivement, vous avez raison.

CE QUE DIT **LA LOI**

Depuis le 27 mai 2024, la SNCF accepte la carte d'identité numérique via l'application France Identité. Cette option permet aux passagers de justifier leur identité de manière dématérialisée lors des contrôles, tant qu'elle est présentée dans l'application officielle.

Contexte d'application

Carte d'identité numérique : valide pour les contrôles SNCF uniquement si elle est accessible via l'application France Identité.

Formes non acceptées : les photocopies, captures d'écran, ou autres scans ne sont pas valides. Seule l'application officielle est reconnue.

Démarches pratiques

Télécharger l'application France Identité : assurez-vous que l'application est installée et que votre carte d'identité numérique est activée et configurée.

Conditions pour utiliser France Identité : être âgé de plus de 18 ans, posséder une carte d'identité nouvelle génération (au format carte bancaire) et avoir un téléphone compatible, Android (⩾11) avec NFC, ou iPhone (⩾ iOS 16).

Vérification avant le voyage : avant le départ, assurez-vous que votre carte d'identité numérique fonctionne correctement sur votre appareil.

En cas de refus : si un contrôleur hésite à accepter votre carte numérique, rappelez que celle-ci est officiellement reconnue par la SNCF.

Risques en cas de non-respect

Présenter une pièce d'identité non conforme aux exigences de la SNCF peut entraîner des complications lors des contrôles, tels qu'un refus d'accès au train ou des amendes.

EN RÉSUMÉ

La carte d'identité numérique, via l'application France Identité, est acceptée par la SNCF depuis le 27 mai 2024. Assurez-vous que cette carte est prête et fonctionnelle avant de voyager, et ne la confondez pas avec des copies ou scans non acceptés. Pour une utilisation fluide, vérifiez que vous remplissez toutes les conditions de l'application France Identité, notamment la compatibilité de votre téléphone et la possession d'une carte d'identité nouvelle génération.

Sur votre billet d'avion votre nom de famille est erroné

Passager : J'ai fait une erreur sur mon nom de famille sur mon billet. Est-ce que vous pourriez le corriger, s'il vous plaît ?

Agent d'escale : Oui, bien sûr, mais il y a des frais de modification de 300 € qui vont s'appliquer.

LA MASDAKISATION

Passager : Les éléments liés à mon identité sont considérés comme des données personnelles et donc j'ai le droit de rectifier sans frais mes données personnelles incorrectes.

Agent d'escale : C'est bon, pas de problème, je corrige.

CE QUE DIT **LA LOI**

Si une erreur est commise lors de la saisie de votre nom sur un billet d'avion, **vous avez le droit de demander une correction.** Cependant, **les compagnies aériennes appliquent souvent des frais pour toute modification de réservation,** y compris pour les erreurs sur le nom. Cela peut créer une ambiguïté quant à l'application des frais en cas de rectification simple d'une donnée personnelle. La pratique des compagnies aériennes varie : certaines entreprises offrent des corrections gratuites dans le cas de fautes de saisie mineures (moins de trois lettres), tandis que d'autres limitent cette gratuité à certaines conditions et l'interprètent de manière stricte, particulièrement si l'erreur est perçue comme une tentative de transfert de billet à un autre passager.

L'UFC-Que-Choisir recommande de faire valoir votre droit à la rectification en vertu du RGPD (règlement général sur la protection des données) lorsque la compagnie vous demande de payer des frais pour la correction d'une simple erreur. Il est donc crucial, lors de votre demande, de **mentionner explicitement que vous invoquez votre droit à la rectification des données personnelles,** en vous appuyant sur l'article 16 du RGPD. Cela pourrait justifier la correction sans frais supplémentaires, sauf si la compagnie prouve qu'une telle rectification entraînerait des coûts disproportionnés par rapport à la simple correction de l'erreur.

Démarches à suivre

Informer l'agent de la compagnie aérienne : lors de votre demande, mentionnez que vous faites valoir votre droit de rectification des données personnelles, en vertu de l'article 16 du RGPD. Cette mention pourrait réduire les risques de facturation de frais supplémentaires par la compagnie.

Demander une confirmation écrite : si la compagnie accepte la correction sans frais, il est recommandé de demander une confirmation écrite. Cela pourra servir de preuve en cas de contestation future.

EN RÉSUMÉ

L'article 16 du RGPD vous permet de demander la rectification de toute erreur sur votre billet d'avion sans frais supplémentaires, à condition que cette modification n'implique pas une tentative de transfert du billet à un autre passager. Toutefois, les pratiques des compagnies aériennes peuvent varier et certaines peuvent appliquer des frais pour des modifications jugées substantielles.

Table des matières

Banque & impôts

Consommation

Logement

Travail

Vie quotidienne

Voiture

Voyage

Quelques sites pour ne pas se tromper

Légifrance
legifrance.gouv.fr

Ministère de l'Économie, des Finances et de l'Industrie ; ministère chargé du Budget et des Comptes publics
economie.gouv.fr

Défenseur des droits
defenseurdesdroits.fr

Douanes
douane.gouv.fr

Service public
service-public.fr

UFC-Que choisir
ufc.quechoisir.org

Banque de France
banque-france.fr

Caisse des dépôts et consignation
caissedesdepots.fr

Village de la justice. La communauté des métiers du droit
village-justice.com

SNCF
sncf-connect.com

« Ils ont masdakisé ! »

Merci ! J'ai réussi à négocier mon argent pour mon capital d'entreprise avec l'Arce ! Merci pour le contenu.

Bonjour, un grand merci à vous. J'ai gagné 4 jours de congé supplémentaires pour chacun de mes 2 enfants !

Bonjour, grâce à vous j'ai pu obtenir 10 jours de congé pour cet hiver avec les congés pour enfants à charge. Je voulais vous remercier.

Je me suis fait rembourser 3 400 € de billet d'avion pour un vol annulé ! Merci à toi

Salut Masdak !! Comment tu vas ? Je voulais te dire merci infiniment car grâce à toi, les impôts m'ont remboursé 949 € de CFE payée l'année dernière ! Où puis-je faire envoyer des chocolats pour te remercier ?

Sur mon profil Instagram, j'ai créé une section qui regroupe les milliers de témoignages de personnes ayant réussi à masdakiser leur situation. N'hésitez pas à me faire part de vos retours pour témoigner, vous aussi, après la lecture de ce livre. Votre expérience pourrait inspirer d'autres personnes à prendre les choses en main pour défendre leurs droits !

Remerciements

Je tiens à exprimer ma profonde gratitude à toutes celles et tous ceux qui ont rendu ce livre possible. Un grand merci à ma famille, mes proches et à tous ceux qui me soutiennent depuis le début de cette aventure. Vous êtes ma source d'inspiration et de motivation.
Un remerciement tout particulier à vous, mes lecteurs et abonnés sur les réseaux sociaux, pour votre confiance et vos retours qui me poussent à toujours donner le meilleur de moi-même. C'est grâce à vous que la « Masdakisation » prend tout son sens.
J'espère que ce livre vous aidera à défendre vos droits et à gagner en autonomie face aux défis du quotidien.
Merci pour votre soutien et votre engagement. Ensemble, nous pouvons faire valoir nos droits et changer les choses !

: + 1,5M : + 3M : + 755K : + 600K : + 205K : + 235K

Direction : Didier Férat
Direction éditoriale : Corinne Cesano
Édition : Iris Odier
Fabrication : Camille Friquet

Cet ouvrage a été réalisé par Le Livre d'Après pour les Éditions Solar
Conception graphique : Jean-Louis Massardier
Mise en pages : Sophie Greloux

Photographies : Catherine Delahaye

ISBN : 978-2-263-18948-7
Code éditeur : L18948/01
Dépôt légal : janvier 2025

Imprimé en France par Pollina - 52170